福祉住環境コーディネーター検定試験®

谷川 博康 ● 監修

2級
模擬問題集

日本能率協会マネジメントセンター

本書の内容に関するお問い合わせについて

平素は日本能率協会マネジメントセンターの書籍をご利用いただき、ありがとうございます。

弊社では、皆様からのお問い合わせへ適切に対応させていただくため、以下①〜④のようにご案内しております。

①お問い合わせ前のご案内について

現在刊行している書籍において、すでに判明している追加・訂正情報を、弊社の下記 Web サイトでご案内しておりますのでご確認ください。

https://www.jmam.co.jp/pub/additional/

②ご質問いただく方法について

①をご覧いただきましても解決しなかった場合には、お手数ですが弊社 Web サイトの「お問い合わせフォーム」をご利用ください。ご利用の際はメールアドレスが必要となります。

https://www.jmam.co.jp/inquiry/form.php

なお、インターネットをご利用ではない場合は、郵便にて下記の宛先までお問い合わせください。電話、FAX でのご質問はお受けしておりません。
〈住所〉 〒103-6009　東京都中央区日本橋 2-7-1　東京日本橋タワー 9F
〈宛先〉 ㈱日本能率協会マネジメントセンター　出版事業本部　出版部

③回答について

回答は、ご質問いただいた方法によってご返事申し上げます。ご質問の内容によっては弊社での検証や、さらに外部へお問い合わせすることがございますので、その場合にはお時間をいただきます。

④ご質問の内容について

おそれいりますが、本書の内容に無関係あるいは内容を超えた事柄、お尋ねの際に記述箇所を特定されないもの、読者固有の環境に起因する問題などのご質問にはお答えできません。資格・検定そのものや試験制度等に関する情報は、各運営団体へお問い合わせください。

また、著者・出版社のいずれも、本書のご利用に対して何らかの保証をするものではなく、本書をお使いの結果について責任を負いかねます。予めご了承ください。

はじめに

　高齢者や障がい者に対して住みやすい住環境を提案し、各種専門職をつなぐ福祉住環境コーディネーター。医療、福祉、建築について体系的で幅広い知識が求められますが、その資格取得のために受験する福祉住環境コーディネーター検定試験®（2級・3級）において、2022年度から検定試験形式が変わりました。指定の日曜日に会場で受験する筆記式が、数週間の試験期間中に受験者が時間帯を予約し、コンピュータ上で受験するIBT方式・CBT方式に移行したのです。

　あわせて、出題数や点数配分なども大きく変化しました。従来の3級・2級検定試験では3〜4択問題、正誤の組み合わせを答えさせる問題、事例を基にした問題などが中心でしたが、移行後の試験は○×で答える正誤問題が新設され、かなりの割合を占めています。このため、選択肢の消去法やイメージで解ける設問が減り、より正確な知識が求められるようになりました。

　また、新方式では受験者によって試験日が異なるため、出題の情報共有ができないように、受験者ごとに異なる設問が提示される形となりました。この影響で新方式の過去問題は原則非公開となり、試験対策の定番である「過去問を解く」ことが難しくなっています。

　新方式への対応と過去問に代わる試験対策——私たち制作陣は、そのことを念頭に置き、オリジナル模擬問題集である本書を執筆・監修しました。

　『公式テキスト＜改訂6版＞』（東京商工会議所刊）の内容を参考に、設問の形式や出題数は2023年時点の出題形式に合わせて計4回分を作問し、幅広い出題に対応できるようにしました。解答用紙はダウンロードに対応しているので、問題部分に書き込まず、繰り返し学習できるようになっています。また、巻末には福祉住環境コーディネーターの重要用語をピックアップして解説した「まとめ」を用意しました。これらを使い、検定試験合格に向けて納得のいくまで学習してください。

　制作陣一同、本書で学習された皆様の合格を心より祈念いたしております。

2024年2月

谷川　博康

福祉住環境コーディネーター検定試験® 2級模擬問題集

目次

※本書の内容は『福祉住環境コーディネーター検定試験® 2級公式テキスト＜改訂6版＞（東京商工会議所刊）』（以下「テキスト」）に準拠しています。

福祉住環境コーディネーター検定試験®概要

　福祉住環境コーディネーター検定試験®の2級・3級は、IBT 方式と CBT 方式の2種類の受験方法があります。いずれもコンピュータ上での受験ですので、自身にとって受験しやすい方式を選びましょう。

【福祉住環境コーディネーター検定試験® 概要（一部抜粋・要約）】

受験方式	IBT	CBT
概要	受験者自身のパソコン・インターネット環境を利用した試験方式	各地のテストセンターに備え付けのパソコンで受験する試験方式
申込・試験期間	申込期間：約10日～2週間（例年6月中旬～／10月上旬～） 試験期間：約3週間（例年7月下旬～／11月中旬～）	
試験開始時間	試験開始時間は申込先着順で ① 10:00～11:45、② 13:00～15:45、③ 17:00～19:00 の間で、15分ごとに選択可能	試験開始時間は申込先着順で、10:00～19:00 の間で会場ごとに設定された時刻で選択可能
試験形式・時間	多肢選択式・90分 ※試験開始前に本人確認、受験環境の確認等を行ったうえで開始	
受験場所	自宅や会社等 ※必要な機材含め、受験者自身の手配と設定が必要	全国各地のテストセンター
受験料	2級：7,700円（税込） 3級：5,500円（税込）	2級：7,700円＋CBT利用料 2,200円（税込） 3級：5,500円＋CBT利用料 2,200円（税込）
受験資格	特になし ※2級からの受験や、2級・3級の併願受験も可能	
その他	障がい等により受験上の配慮が必要な場合、検定試験申込みの3営業日前までに要申請	

※東京商工会議所ホームページ（https://kentei.tokyo-cci.or.jp/fukushi/exam-info/）の2023年度公開情報を基に作成。

IBT 方式で受験する際の注意点

　テストセンターが受験環境を用意してくれる CBT 方式とは異なり、IBT 方式については受験者側で準備が必要です。本人確認の際や受験中に受験環境が適さないとみなされた場合、最悪失格という重い措置も取られるため、十分注意しましょう。

　以下、IBT 方式特有の準備について、東京商工会議所ホームページの公開情報（https://kentei.tokyo-cci.or.jp/fukushi/exam-info/ibt.html）と、受験者の体験談からご説明します。なお、これらは 2023 年度時点の情報であり、今後の試験概要によっては変わる場合があります。受験する際は、上記の URL などから最新情報を確認するようにしましょう。

【受験に必要な機器】
①使用コンピュータ

　インターネットに接続されたパソコンが求められます。**タブレットやスマートフォンでの受験はできません。**パソコンのタイプはノートやデスクトップでも可能ですが、不正防止のために 2 台以上のディスプレイの使用などは認められません。

②インターネットブラウザ

　Google Chrome、Microsoft Edge でのみ受験可能です。Internet Explorer、Firefox、Safari での受験はできません。

③ネットワーク環境

　上り・下りともに 2 Mbps 以上の速度が必要です。この速度自体は 2000 年代のインターネット環境で達成できる速度のため、**よほど古い回線や機器でなければ問題ない**はずです。ただ、**Wi-Fi 無線などでは電波干渉によって不調になるケースが**あるので、受験場所を決めたら接続に問題ないかを事前に確認しましょう。

④音声・映像機器

　以下の内蔵・外付け機器を使い、カメラとマイク、スピーカー機能を準備します。これらは試験前の本人確認でのやり取り、試験官による受験状況の確認や呼びかけに使われます。

- ヘッドセットの一部ではないコンピュータの内部カメラまたは web カメラ
- ヘッドセットの一部ではないコンピュータの内部または外部のカメラ
- コンピュータの内部または外部のスピーカー

　タブレットやスマートフォンをこれらの代用とすることはできず、またヘッドセット・イヤホンといった、耳をふさぐタイプの機器も禁止されています。

なお、**カメラについては試験前、周辺360°を映して受験環境を確認することが求められる**ため、外付けであれば取り回し、ノートパソコン内蔵であればパソコンごと回して映すことになります。その点も考慮して機器を準備しましょう。

⑤操作端末

　マウスまたはコンピュータに付属しているタッチパッドを使います。試験自体はポインタを動かしてクリックだけで進められます。

　なお、準備した受験環境に問題がないかについては、**受験案内ページに「受験環境をチェック」へのリンクがあり**ますので、こちらから確認が可能です。

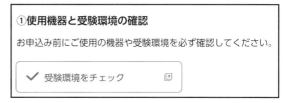

①使用機器と受験環境の確認
お申込み前にご使用の機器や受験環境を必ず確認してください。

✓　受験環境をチェック　⬀

【受験環境について】

①他人の干渉しない環境を確保

　試験開始前の試験官を待つときから試験終了までの間、**カメラに他人が映り込まない、かつ、マイクに他人の声が入らないような空間を確保する必要があります。**学生が自宅で受験中、親が部屋に入ってきてしまったことにより失格となった事例もあります。事前に家族に説明する、コワーキングスペースを利用するなどしてリスクを下げましょう。

②外付けの使用機器はすべて机の上に設置

③所定の持ち物や受験上の配慮申請で使用が許可されたもの以外を周辺に置かない

　これらも不正利用の疑いを避けるための措置になります。なお、小物ではなく**タンスや冷蔵庫などの家財については撤去不要**です。

④受験環境を十分明るくできるように適切な照明を点灯

⑤他者のプライバシーを侵害する可能性があるものの録画・録音を避ける

　設置したカメラやマイクを通じて、**試験前の本人確認や受験の様子は録画・録音されています。**そのため、家財であっても名前が書かれているものなど他人の個人情報が判ってしまうものについては避けなくてはなりません。これに合わせ、**公園やレストランなどの公共スペースでの受験も禁止**されています。

　なお、緊急地震速報やサイレンなどが試験中に鳴り響いて音が入ってしまい、試験官とのやり取りが発生した場合については、試験官の指示に従ってください。

模擬試験解答用紙

大問1・2 二択問題（各1点）

No.	解答
1	
2	
3	
4	
5	
6	
7	
8	
9	
10	
11	
13	
14	
15	
16	
17	
18	
19	
20	
21	
22	
23	
24	
25	
26	
27	
28	
29	
30	
計	点

大問3・4 空間補充問題（各2点）

No.	解答
1	
2	
3	
4	
5	
6	
7	
8	
9	
10	
11	
12	
13	
14	
計	点

大問5・6 四択問題（各3点）

No.	解答
1	
2	
3	
4	
5	
6	
7	
8	
9	
10	
11	
12	
13	
14	
計	点

合計	
	点

第 **1** 回

模擬試験

1回目 （　　／　　）

大問1・2	大問3・4	大問5・6	合計
／ 30	／ 28	／ 42	／ 100

2回目 （　　／　　）

大問1・2	大問3・4	大問5・6	合計
／ 30	／ 28	／ 42	／ 100

第1問　次の事項の内容が正しい場合は〇、誤っている場合は×を選びなさい。

「日本の世帯数の将来推計」（国立社会保障・人口問題研究所、20188（平成30）年1月推計）によれば、65歳以上の高齢者世帯のうち、単身世帯の割合は2040（令和22）年には30％になると推計されている。

◎　〇

◎　×

第2問　次の事項の内容が正しい場合は〇、誤っている場合は×を選びなさい。

「介護保険制度に関する世論調査」（内閣府、2010（平成22）年）では、介護を受けたい場所として、「有料老人ホームや高齢者住宅への住み替え」を希望する人が最も多い。

◎　〇

◎　×

第3問　次の事項の内容が正しい場合は〇、誤っている場合は×を選びなさい。

日本の住宅は、冬に合わせて造られているので、夏の暑さには向いておらず、室内は高温多湿になりやすい。

◎　〇

◎　×

第４問　次の事項の内容が正しい場合は○、誤っている場合は×を選びな
　　　　さい。

家庭内事故死（厚生労働省「人口動態統計」2020（令和２）年）
における65歳以上の高齢者の死因は、「溺死・溺水」が最も多い。
◎　○
◎　×

第５問　次の事項の内容が正しい場合は○、誤っている場合は×を選びな
　　　　さい。

介護保険制度の介護サービスには、都道府県・政令市・中核市が
指定・監督を行う地域密着型介護サービス等と市町村が指定・監
督を行う居宅・施設サービスがある。
◎　○
◎　×

第６問　次の事項の内容が正しい場合は○、誤っている場合は×を選びな
　　　　さい。

「サービス付き高齢者向け住宅」は、高齢者向けの公的賃貸住宅で、
高齢者等の生活特性に配慮したバリアフリー仕様の住宅と生活援
助員（LSA）による日常生活支援サービスを提供する。
◎　○
◎　×

第7問　次の事項の内容が正しい場合は○、誤っている場合は×を選びなさい。

福祉住環境コーディネーターは、相談者との契約関係で成り立っている。

◎　○

◎　×

第8問　次の事項の内容が正しい場合は○、誤っている場合は×を選びなさい。

ICFでは、背景因子として新たに「社会因子」が位置づけられた。

◎　○

◎　×

第9問　次の事項の内容が正しい場合は○、誤っている場合は×を選びなさい。

地域包括ケアシステムの対象者は、高齢者や障害者に限定されている。

◎　○

◎　×

第10問　次の事項の内容が正しい場合は〇、誤っている場合は×を選びなさい。

障害者の心身機能は、常に固定されたものでなく、さまざまな要因により変化する可能性がある。

◎　〇

◎　×

第11問　次の事項の内容が正しい場合は〇、誤っている場合は×を選びなさい。

福祉住環境整備は、「その人らしい暮らし」の実現に向けて、機能性やコスト面から判断して整備を行うことが大切である。

◎　〇

◎　×

第12問　次の事項の内容が正しい場合は〇、誤っている場合は×を選びなさい。

「高齢社会白書」（内閣府、2021年）によれば、高齢者の要介護の原因として、「認知症」が最も多い。

◎　〇

◎　×

第13問　次の事項の内容が正しい場合は〇、誤っている場合は×を選びなさい。

脳血管障害では「脳出血」が最も多く、全体の70〜80％を占める。

◎　〇

◎　×

第14問　次の事項の内容が正しい場合は〇、誤っている場合は×を選びなさい。

廃用症候群では、ベッド上で寝たきり状態になっていても、耳や目からさまざまな刺激が入るようにする。

◎　〇

◎　×

第15問　次の事項の内容が正しい場合は〇、誤っている場合は×を選びなさい。

高齢者の骨折では、転倒を予防するため、ベッドの生活は避け和式生活にするとよい。

◎　〇

◎　×

第16問　次の事項の内容が正しい場合は○、誤っている場合は×を選びなさい。

認知症の症状が進行すると、生活上の支障はADLからIADLに拡大していく。
◎　○
◎　×

第17問　次の事項の内容が正しい場合は○、誤っている場合は×を選びなさい。

関節リウマチは、初期に症状が急速に進行し、その後は進行せず慢性化する。
◎　○
◎　×

第18問　次の事項の内容が正しい場合は○、誤っている場合は×を選びなさい。

パーキンソン病で、振戦の症状が出ている場合は、歩き始めの第一歩が出やすくなるようカラーテープを貼るなどで工夫するとよい。
◎　○
◎　×

第19問　次の事項の内容が正しい場合は○、誤っている場合は×を選びなさい。

日本人の場合、糖尿病患者の大半は２型糖尿病で、全糖尿病の約95％を占める。

◎　○

◎　×

第20問　次の事項の内容が正しい場合は○、誤っている場合は×を選びなさい。

心筋梗塞では、心臓の予備機能が低下しているため運動は避け、常時安静を保つ必要がある。

◎　○

◎　×

第21問　次の事項の内容が正しい場合は○、誤っている場合は×を選びなさい。

胸髄損傷は、四肢麻痺、呼吸障害が起こり、ADLは全介助となる。

◎　○

◎　×

第22問　次の事項の内容が正しい場合は〇、誤っている場合は×を選びな
　　　　さい。

　　　　経皮的酸素飽和度（SpO_2）は、入浴中の洗髪や洗体のときに低
　　　　下するため、入浴の各動作は、呼吸を整えながらゆっくり行うこ
　　　　とが大切である。
　　　　◎　〇
　　　　◎　×

第23問　次の事項の内容が正しい場合は〇、誤っている場合は×を選びな
　　　　さい。

　　　　視覚障害に順応障害がある場合、建物の出入り口は暗くし、中に
　　　　入るにつれて明るくなるように住環境整備を行う。
　　　　◎　〇
　　　　◎　×

第24問　次の事項の内容が正しい場合は〇、誤っている場合は×を選びな
　　　　さい。

　　　　加齢性難聴は、低い音域の聴力から低下し、言葉が聞き取りにく
　　　　くなる。
　　　　◎　〇
　　　　◎　×

第25問　次の事項の内容が正しい場合は○、誤っている場合は×を選びなさい。

高次脳機能障害の場合、本人は障害があることを自覚していることが多く、本人の考え方に基づいて決定することが大切である。
◎ ○
◎ ×

第26問　次の事項の内容が正しい場合は○、誤っている場合は×を選びなさい。

相談援助では、本人から「ニーズを聞き出す」のではなく、「ニーズを引き出す」ことが大切である。
◎ ○
◎ ×

第27問　次の事項の内容が正しい場合は○、誤っている場合は×を選びなさい。

義肢装具士は、義肢・装具などの補装具、車椅子、コミュニケーション機器、自助具などの開発や作製を行う。
◎ ○
◎ ×

第28問　次の事項の内容が正しい場合は○、誤っている場合は×を選びなさい。

福祉住環境整備の現地調査では、チェックシートにない事項も記録にとどめておく。

◎ ○

◎ ×

第29問　次の事項の内容が正しい場合は○、誤っている場合は×を選びなさい。

屋内外にスロープを設置する場合、勾配は1/8程度を目安とする。

◎ ○

◎ ×

第30問　次の事項の内容が正しい場合は○、誤っている場合は×を選びなさい。

プラットホームクラッチは、関節リウマチなどの場合に使用される。

◎ ○

◎ ×

第1問　次の文章の【　A　】および【　B　】の部分に当てはまる最も適切なものを①〜④の中から1つ選びなさい。

介護保険制度の介護サービスでは、要支援者を対象とした【　A　】を提供している。【　A　】では、市町村が指定・監督を行う【　B　】を利用することができる。

	A	B
◎　①	介護給付	地域密着型サービス
◎　②	予防給付	居宅・施設サービス
◎　③	介護給付	介護予防サービス
◎　④	予防給付	地域密着型介護予防サービス

第2問　次の文章の【　A　】の部分に当てはまる最も適切なものを①〜④の中から1つ選びなさい。

加齢に伴い、もの忘れといった形で記憶障害を生じるが、知能が関与した記憶とともに言語や行為、遂行能力といった高次な脳機能が障害された状態を【　A　】という。

◎　①　見当識障害
◎　②　自律神経障害
◎　③　認知症
◎　④　健忘

第3問　次の文章の【 A 】および【 B 】の部分に当てはまる最も適切
　　　　なものを①〜④の中から１つ選びなさい。

切断には上肢切断と下肢切断があり、片側大腿切断・膝関節離断
の場合、【 A 】ソケットの付いた【 B 】が利用されることが多い。

		A	B
◎	①	吸着式・ライナーを使用した	大腿義足
◎	②	差し込み式	下腿義足
◎	③	差し込み式	股義足
◎	④	吸着式・ライナーを使用した	下腿義足

第4問　次の文章の【 A 】の部分に当てはまる最も適切なものを①〜④
　　　　の中から１つ選びなさい。

脳性麻痺のリハビリテーションでは能力に応じて、首のすわり、
寝返り、座位の保持、【 A 】、立位保持と起立、といった段階的
な訓練を順次進めていく。

◎　①　車椅子移動

◎　②　登攀性起立

◎　③　杖歩行

◎　④　手膝這い保持・手膝這い移動

第5問　次の文章の【 A 】および【 B 】の部分に当てはまる最も適切なものを①〜④の中から1つ選びなさい。

【 A 】には、保健師、社会福祉士などの専門職とともに、一定以上の実務経験を有する【 B 】が配置され、介護支援専門員とかかりつけ医の連携支援や支援困難事例の対応などを行っている。

	A	B
◎ ①	居宅介護支援事業所	ソーシャルワーカー
◎ ②	地域包括支援センター	主任介護支援専門員
◎ ③	居宅介護支援事業所	精神保健福祉士
◎ ④	地域包括支援センター	主任介護福祉士

第6問　次の文章の【 A 】の部分に当てはまる最も適切なものを①〜④の中から1つ選びなさい。

対人援助では、利用者がなぜそのように考えたり、感じたり、行動するのか、本人の存在そのものを価値あるものとして認め、本人の側に立って理解して、【 A 】することが基本原則となる。

◎ ① 傾聴

◎ ② プライバシーを保護

◎ ③ 受容

◎ ④ 協働

第7問　次の文章の【 A 】および【 B 】の部分に当てはまる最も適切なものを①～④の中から1つ選びなさい。

日本の木造住宅は尺貫法を基本として、廊下、階段、トイレなどの幅員は柱芯―芯の3尺で設計されるが、実際に空間として利用できる廊下などの【 A 】は最大で【 B 】となるため、介助が必要な場合や車椅子を使用する場合は幅が狭く適していない。

	A	B
①	モジュール	810mm
②	有効寸法	780mm
③	有効寸法	910mm
④	モジュール	780mm

第8問　次の文章の【 A 】の部分に当てはまる最も適切なものを①～④の中から1つ選びなさい。

車椅子対応の洗面カウンターは、一般に【 A 】程度の高さに取り付け、洗面カウンター下の排水管は壁排水するか、床排水の場合は左右の壁面に寄せて設置する。
◎ ①　760mm ～ 820mm
◎ ②　800mm ～ 860mm
◎ ③　620mm ～ 660mm
◎ ④　720mm ～ 760mm

第9問　次の文章の【 A 】および【 B 】の部分に当てはまる最も適切なものを①〜④の中から1つ選びなさい。

床暖房は居間や台所、食堂、寝室などに用いられる【 A 】のひとつで、電動車椅子使用者が【 B 】の床暖房を使用する場合は、重量があるため床暖房の耐久性などを確認する。

		A	B
◎	①	輻射暖房	床パネル方式
◎	②	対流暖房	電気式
◎	③	輻射暖房	電気式
◎	④	対流暖房	床パネル方式

第10問　次の文章の【 A 】の部分に当てはまる最も適切なものを①〜④の中から1つ選びなさい。

階段は、勾配が緩やかなほうが昇降しやすく、【 A 】は高齢者や障害者にとってもっとも安全で、転落時には階下まで落下しないため、大けがをする危険性が低い。

◎　①　吹き寄せ階段
◎　②　回り階段
◎　③　踊り場付き階段
◎　④　直線階段

第11問　次の文章の【 A 】および【 B 】の部分に当てはまる最も適切なものを①～④の中から１つ選びなさい。

介護保険では、福祉用具貸与・販売事業所に対し、【 A 】の作成、利用者および【 B 】への交付が義務づけられている。【 A 】には、利用目標、具体的なサービス内容、選定理由、関係者間で共有すべき情報などを記載する。

	A	B
◎ ①	モニタリングシート	介護支援専門員
◎ ②	福祉用具サービス計画	福祉用具専門相談員
◎ ③	住宅改修理由書	福祉用具専門相談員
◎ ④	福祉用具サービス計画	介護支援専門員

第12問　次の文章の【 A 】の部分に当てはまる最も適切なものを①～④の中から１つ選びなさい。

床走行式リフトは、ベッドのある部屋の中で使用されることが多く、【 A 】の床走行式リフトは、ベッドの下に架台が入らないと使用できないため、ベッド下のスペースや使わないときの収納場所など、使用する環境を確認する必要がある。

◎ ① 立位式
◎ ② 台座式
◎ ③ 懸吊式
◎ ④ 固定式

第13問　次の文章の【 A 】および【 B 】の部分に当てはまる最も適切なものを①～④の中から1つ選びなさい。

言語障害者のためのコミュニケーション用具で、重度の両上下肢障害のある場合、【 A 】が使用される。聴覚障害者で【 B 】の難聴者の場合は、補聴器のほかに伝声管や集音器なども利用される。

	A	B
◎ ①	重度障害者用意思伝達装置	重度
◎ ②	環境制御装置	軽度
◎ ③	重度障害者用意思伝達装置	軽度
◎ ④	携帯用会話補助装置	重度

第14問　次の文章の【 A 】の部分に当てはまる最も適切なものを①～④の中から1つ選びなさい。

体位変換器は、体位の変換、保持、移動を容易に行うための用具であり、また（他方）、【 A 】は、特殊寝台と車椅子やポータブルトイレ間の移乗時に使用される用具である。車椅子への移乗時に【 A 】を使用する場合は、アームサポートを着脱できるようにすると使用しやすい。

◎ ①　スライディングボード
◎ ②　起き上がり補助装置
◎ ③　スライディングマット
◎ ④　体位変換用クッション

第1問　次の①～④の記述の中で、その内容が最も適切なものを1つ選び
　　　　なさい。

◎　①　1995（平成7）年の社会保障制度審議会の民間介護保険
　　　　制度創設の勧告に基づいて1996（平成8）年に国会に提出
　　　　された「介護保険法案」は翌1997（平成9）年に「介護保
　　　　険法」として成立し、2000（平成12）年から施行された。

◎　②　介護保険の加入者（被保険者）は50歳以上のすべての国
　　　　民で、65歳以上が第1号被保険者、50歳以上65歳未満の
　　　　医療保険加入者が第2号被保険者となる。

◎　③　2011（平成23）年の介護保険法の改正（2012〈平成
　　　　24〉年施行）により、「地域包括ケアシステム」の構築に向
　　　　けた取り組みの推進が打ち出された。

◎　④　厚生労働省が情報の収集と分析に当たるVISIT（科学的
　　　　介護情報システム）は、2021（令和3）年度から運用が開
　　　　始された。

第2問　次のア〜エの記述について、適切なものを○、不適切なものを×
　　　　としたとき、正しい組み合わせを①〜④から1つ選びなさい。

ア　世界保健機関（WHO）が1980（昭和55）年に出版した国
　　際障害分類（ICIDH）は、障害を「機能・形態障害」「能力障害」
　　「社会的不利」の3つの次元で区分し、それぞれを詳細に分類
　　している。
イ　ICIDHには、障害の起こるとらえ方が一方的で、「ある病気
　　（疾病または変調）があれば必ず能力障害が起こり、次に機能・
　　形態障害が起こり、社会的不利が生じるという運命論だ」とす
　　る批判がなされていた。
ウ　ICIDHへの批判を受けたWHOは、障害に対する新たな指
　　標として、2001（平成13）年に国際身体機能分類（ICF）を
　　承認・出版した。
エ　ICFは、「心身機能・身体構造」「活動」「参加」の3つの概
　　念を総称して「生活機能」とし、それぞれに問題が生じた状態
　　を「機能障害」「活動制限」「参加制約」として、その総称を「障
　　害」としている。

◎　①　ア○　イ×　ウ○　エ×
◎　②　ア×　イ○　ウ×　エ○
◎　③　ア○　イ×　ウ×　エ○
◎　④　ア×　イ○　ウ○　エ×

第3問　次の①〜④の記述の中で、その内容が最も適切なものを1つ選び
なさい。

◎　①　2020（令和2）年度の「高齢者の生活と意識に関する国
際比較調査」によると、60歳以上の人の約6割が、「ほぼ毎
日」から「月に1回くらい」医療サービスを受けている。

◎　②　2020（令和2）年の「人口動態統計」によると、高齢者
の死亡原因の第1位は脳血管疾患（障害）で、第2位は悪性
新生物（がん）、第3位は心疾患、第4位は老衰である。

◎　③　2021（令和3）年の「高齢社会白書」によると、高齢者
が要介護となる原因の第1位は「認知症」で、第2位は「高
齢による衰弱」である。

◎　④　高齢者のうち、70%以上は元気高齢者であり、残りの約
30%は虚弱高齢者である。

第4問　次のア〜エの記述について、適切なものを〇、不適切なものを×としたとき、正しい組み合わせを①〜④から1つ選びなさい。

ア　「認知症」は、脳の神経細胞の減少や機能低下などにより、記憶・認識・判断・学習能力などの知的機能が持続的に低下し、日常生活や社会生活に支障をきたすようになった状態をいう。

イ　人口の高齢化とともに認知症患者は増加の一途をたどっており、厚生労働省の算出によれば、2010（平成22）年9月の要介護（要支援）認定者数498万人のうち、280万人が日常生活自立度Ⅰ以上の認知症高齢者とみられる。

ウ　2013（平成25）年に公表された「認知症有病率等調査について」によると、2010（平成22）年における65歳以上の高齢者の認知症有病率は15％と推計され、認知症有病者数は約439万人と算出された。

エ　認知症の原因疾患は、その約2／3が脳血管性認知症であり、続いてアルツハイマー型認知症（アルツハイマー病）が約20％を占める。

◎　①　ア〇　イ〇　ウ×　エ×
◎　②　ア×　イ〇　ウ×　エ〇
◎　③　ア×　イ×　ウ〇　エ〇
◎　④　ア〇　イ×　ウ〇　エ×

第5問　次のア〜エの記述について、適切なものを○、不適切なものを×
　　　としたとき、正しい組み合わせを①〜④から1つ選びなさい。

　　ア　廃用症候群は、長期にわたる臥床などにより、全身やからだ
　　　の一部を使わない状態が続いたことによって現れる、心身機能
　　　の病的な症状や病気といった二次的障害のことである。
　　イ　心臓や肺、消化器などの胸腹部内臓器には廃用症候群は生じ
　　　ない。
　　ウ　廃用症候群予防の基本は、運動を中心としたリハビリテー
　　　ションでからだを頻繁に動かし、過度の安静臥床を避けること
　　　である。
　　エ　廃用症候群を未然に防ぐには、片麻痺などの一次障害を生じ
　　　た後の早期離床、早期歩行、ADLの自立、生活全般の活性化
　　　が重要だが、患者本人のプライバシーも考慮に入れ、本人の居
　　　室はリビングから離れたところにするのが望ましい。

　◎　①　ア○　イ×　ウ×　エ○
　◎　②　ア○　イ×　ウ○　エ×
　◎　③　ア×　イ○　ウ×　エ○
　◎　④　ア×　イ○　ウ○　エ×

第6問　次の①〜④の記述の中で、その内容が最も適切なものを1つ選びなさい。

◎　①　人は、1日当たり約10kgの空気を毎日吸い込んでいる。

◎　②　「シックハウス症候群」は、新建材からの空気汚染化学物質と住宅の高気密化の影響で一気に浮上してきた健康障害のことである。

◎　③　室内の空気汚染物質はもっぱら建物（建材）から発生する。

◎　④　シックハウス症候群を避けるためにも、新築の住宅では完成直後に入居するのが望ましい。

第7問　次の①〜④の記述の中で、その内容が最も適切なものを1つ選びなさい。

◎　①　介護保険制度では、要介護認定での「主治医意見書」の記載や、居宅療養管理指導での訪問診療、訪問看護や訪問リハビリテーションなどへの指示をかかりつけ医（主治医）が行う。

◎　②　看護師は「保健師助産師看護師法」で規定され、個々の判断により、病院や施設などの医療や保健福祉の現場で、診療や治療の補助、療養生活をおくっている人への看護を行う。

◎　③　介護の状態が軽度である要支援者や「基本チェックリスト」の該当者へのケアマネジメントは、原則的に居宅介護支援事業所の介護支援専門員が担当する。

◎　④　理学療法士（PT）は、医師の指示の下に、身体または精神に障害のある人に対して、手芸や工作などの作業を行い、主としてその応用的動作能力や社会適応能力の回復を図るため、治療・指導・援助を行う。

第8問　次のア～エの記述について、適切なものを○、不適切なものを×
　　　　としたとき、正しい組み合わせを①～④から１つ選びなさい。

　　ア　言語聴覚士（ST）は音声・言語・聴覚に障害がある人を支
　　　　援する専門職であり、主に教育機関で活動している。
　　イ　「介護保険法」に基づきケアマネジメント業務を行う介護支
　　　　援専門員（ケアマネジャー）には、2006（平成18）年度より
　　　　５年ごとの資格更新制が導入され、更新時の研修受講が義務づ
　　　　けられている。
　　ウ　社会福祉士は「社会福祉士及び介護福祉士法」に基づく国家
　　　　資格であり、日常生活を営むのに支障がある人の福祉に関する
　　　　相談に応じ、助言、指導、その他の援助を行う専門職である。
　　エ　介護福祉士は、介護支援専門員に対して介護に関する助言・
　　　　指導を行っている

　　◎　①　ア○　イ×　ウ○　エ×
　　◎　②　ア×　イ○　ウ○　エ×
　　◎　③　ア○　イ×　ウ×　エ○
　　◎　④　ア×　イ○　ウ×　エ○

第９問　次のア〜エの記述について、適切なものを○、不適切なものを×
　　　　としたとき、正しい組み合わせを①〜④から１つ選びなさい。

　　ア　屋外では雨にぬれると路面が滑りやすく、歩行が不安定にな
　　　　りやすいので、２〜３段程度の階段であっても手すりの取り付
　　　　けを検討し、上りのときの利き手側に取り付ける。
　　イ　手すりを取り付けるときは、高さは大腿骨大転子に合わせた
　　　　750 〜 800mm、太さは直径32 〜 36mm程度を目安にする。
　　ウ　高齢者では加齢とともにつま先が上がりにくくなり、３mm
　　　　を超える段差になるとつまずいて転倒する危険性が増す。
　　エ　道路面から玄関ポーチまでのアプローチ部分の距離が長く暗
　　　　い場合は屋外灯などを設け、階段には補助照明として足もと灯
　　　　を設けるとよい。

　　◎　①　ア○　イ×　ウ×　エ○
　　◎　②　ア×　イ○　ウ×　エ○
　　◎　③　ア×　イ○　ウ×　エ×
　　◎　④　ア○　イ×　ウ○　エ×

第10問　次の①〜④の記述の中で、その内容が最も不適切なものを１つ選びなさい。

◎　①　車椅子を使用するために屋外スロープを設置するときは、勾配は１／12〜１／15程度を標準にできるだけ緩やかにし、通路幅は900mm以上確保する。

◎　②　スロープに折り返しが必要なときは、1,500mm × 1,500mmを標準に、折り返し部分に水平面を設ける。

◎　③　車椅子の脱輪防止策として、スロープの両側の縁には20mm以上の立ち上がりか、20mm以上の柵を設ける。

◎　④　アプローチに階段を設けるときは、蹴上げ寸法が110〜160mm程度、踏面寸法は300〜330mm程度が望ましい。

第11問　次の①〜④の記述の中で、その内容が最も不適切なものを１つ選びなさい。

◎　①　福祉用具とは、心身機能の低下で日常生活を営むのに支障のある高齢者や障害者の便宜を図るための用具、あるいは機能訓練のための用具や補装具のことである。

◎　②　介護保険制度の給付対象となる福祉用具は、「貸与（レンタル）」が原則であるが、入浴や排泄のように他人が使用したものを再利用することに心理的抵抗があったり、再利用が困難なものは「販売」の対象となっている。

◎　③　「障害者総合支援法」に基づく自立支援給付の一つである補装具の給付は、購入のみである。

◎　④　「障害者総合支援法」に基づく地域生活支援事業の一つである日常生活用具給付の具体的な品目は、利用者負担とともに市（区）町村が決定する。

第12問　次のア～エの記述について、適切なものを○、不適切なものを×
　　　　としたとき、正しい組み合わせを①～④から１つ選びなさい。

　　　ア　つえの高さは、つえを握ったときの肘の角度が約50度屈曲
　　　　する状態になる長さが適切とされる。
　　　イ　片麻痺がある人のつえを使った歩行は、健側の側の手でつえ
　　　　を持ち、つえと同時に患側の足を踏み出して、その後に健側の
　　　　足をそろえる動作を繰り返す２動作歩行になる。
　　　ウ　車椅子は移動のためだけの用具ではなく、廃用症候群を防止
　　　　する役割も果たす。
　　　エ　車椅子にはさまざまな種類があるが、まず介助用標準型車椅
　　　　子の使用を検討してみる。

　　　◎　①　ア○　イ×　ウ○　エ×
　　　◎　②　ア×　イ○　ウ○　エ×
　　　◎　③　ア×　イ○　ウ×　エ○
　　　◎　④　ア○　イ×　ウ×　エ○

第13問　次の事例を読んで、①～④の中で最も適切なものを１つ選びなさい。

Ａさんは65歳女性、関節リウマチの進行で人工関節置換術を受けたが、術後の経過が思わしくなく、歩行困難で常時車椅子を使用することとなった。このため、車椅子でアプローチできるよう、木造家屋である自宅のトイレの改修が必要になった。Ａさんは自走用車椅子を使用しており、排泄自体は自立しているが、将来的には車椅子から移乗台を経てトイレに移動することも考えている。改修工事ではトイレの出入り口の段差を解消し、廊下を取り込んでトイレのスペースを拡大して、また将来、便器周囲に移乗台を設置することを考慮して、便器の位置を移動した。このとき、Ａさんの希望に沿ったトイレの改修工事結果とその使用例として、次ページの図①～④のうち最も適切なものをどれか。

◎　①
◎　②
◎　③
◎　④

①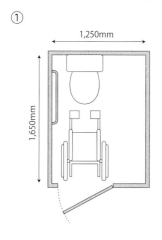

②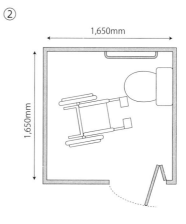

③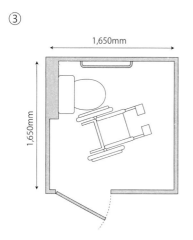

④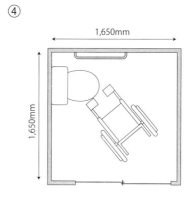

第14問　次の事例を読んで、①〜④の中で最も適切なものを1つ選びなさい。

　Eさんは67歳男性。脳梗塞を発症して1年2か月、右半身に麻痺が残ったまま、屋内では自走用車椅子を使用し、屋外では介助用標準形車椅子を使用している。同居している家族は妻一人で、車椅子で屋外に出るためには、玄関ポーチと地面（道路面）との間に段差があり、階段があるため困難である。Eさんはもっと屋外の散歩を自由に楽しみたいという。そのためには、この段差を解消するスロープを設置する工事が必要である。玄関から道路まで工事スペースが十分にとれる場合、段差の改修工事として、次ページの図①〜④のうち最も適切なものをどれか。

◎　①

◎　②

◎　③

◎　④

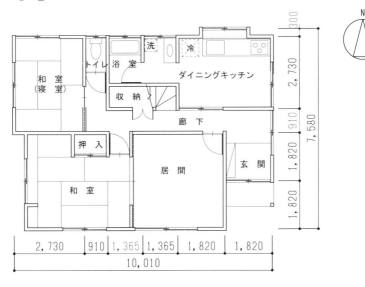

①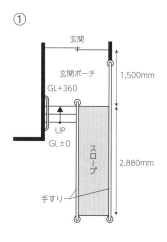

②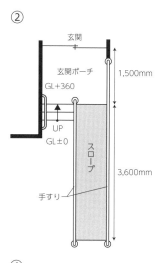

③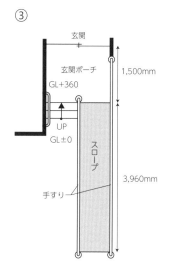

④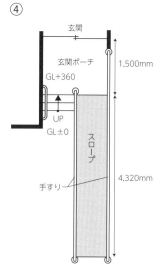

第 **2** 回

模擬試験

1回目（　　／　　）

大問1・2	大問3・4	大問5・6	合計
／30	／28	／42	／100

2回目（　　／　　）

大問1・2	大問3・4	大問5・6	合計
／30	／28	／42	／100

第1問　次の事項の内容が正しい場合は○、誤っている場合は×を選びなさい。

「戦後のベビーブーム」に生まれた団塊の世代は、2025年にはすべて65歳以上の前期高齢者になる。

◎　○

◎　×

第2問　次の事項の内容が正しい場合は○、誤っている場合は×を選びなさい。

介護保険制度では、第1号被保険者のうち低所得者に対しては保険料が軽減され、2019（令和元）年に保険料基準額に対する軽減割合は0.3倍に引き下げられている。

◎　○

◎　×

第3問　次の事項の内容が正しい場合は○、誤っている場合は×を選びなさい。

認知症施策を総合的に推進していくために、2019（令和元）年に「認知症施策推進総合戦略（新オレンジプラン）」が定められた。

◎　○

◎　×

第4問　次の事項の内容が正しい場合は○、誤っている場合は×を選びな
さい。

「住宅の品質確保の促進等に関する法律」に定められた高齢者等
配慮対策等級では、等級1が最も高い水準になっている。
◎　○
◎　×

第5問　次の事項の内容が正しい場合は○、誤っている場合は×を選びな
さい。

2017（平成29）年に始まった、新たな住宅セーフティネット制
度では、住宅確保要配慮者が入居しやすい賃貸住宅の供給促進な
どの施策が行われている。
◎　○
◎　×

第6問　次の事項の内容が正しい場合は○、誤っている場合は×を選びな
さい。

障害者総合支援法の対象者は、身体障害者、知的障害者、精神障
害者、発達障害者のうち18歳以上の者および障害児で、難病患
者は含まれていない。
◎　○
◎　×

第7問　次の事項の内容が正しい場合は○、誤っている場合は×を選びな
さい。

高齢者は長年の生活習慣により、生活の不便・不自由を意識して
いることが多く、福祉住環境整備では高齢者自身に改善策を考え
てもらうことが大切である。

◎　○

◎　×

第8問　次の事項の内容が正しい場合は○、誤っている場合は×を選びな
さい。

高齢者リハビリテーションのモデルは、心疾患モデル、廃用症候
群モデル、認知症高齢者モデルの3つに区別されている。

◎　○

◎　×

第9問　次の事項の内容が正しい場合は○、誤っている場合は×を選びな
さい。

知能は流動性知能と結晶性知能に分けられ、結晶性知能は60歳
ごろまで上昇する。

◎　○

◎　×

第10問　次の事項の内容が正しい場合は○、誤っている場合は×を選びなさい。

先天性の肢体不自由では、肢体不自由に加えて知的な遅れを生じることで二つ以上の障害を有する二次的障害が起こる場合がある。

◎　○

◎　×

第11問　次の事項の内容が正しい場合は○、誤っている場合は×を選びなさい。

福祉住環境整備では、本人の状態を知るだけでなく、実行状況と能力の差異を埋めるために、本人の移動能力を把握する必要がある。

◎　○

◎　×

第12問　次の事項の内容が正しい場合は○、誤っている場合は×を選びなさい。

脳血管障害の屋外歩行レベルで、下肢を麻痺している場合は、畳での生活は不便なため必ずベッドを導入する必要がある。

◎　○

◎　×

第13問　次の事項の内容が正しい場合は○、誤っている場合は×を選びな
　　　　さい。

　　　　廃用症候群で骨粗鬆症がある場合は骨折しやすくなるため、活動
　　　　や行動範囲を制限し、転倒防止に努めることが大切である。
　　　　◎　○
　　　　◎　×

第14問　次の事項の内容が正しい場合は○、誤っている場合は×を選びな
　　　　さい。

　　　　橈骨・尺骨遠位端骨折は、転倒したときに手掌をついて生じる手
　　　　首の骨折である。
　　　　◎　○
　　　　◎　×

第15問　次の事項の内容が正しい場合は○、誤っている場合は×を選びな
　　　　さい。

　　　　認知症で生じる中核症状には、妄想、幻覚、せん妄、徘徊、異食、
　　　　多動、暴力・暴言、不潔行為、不眠などがある。
　　　　◎　○
　　　　◎　×

第16問　次の事項の内容が正しい場合は○、誤っている場合は×を選びな
さい。

関節リウマチは、症状の進行に伴い関節可動域が制限されるため、
家事は立ったまま行うようにするとよい。

◎　○

◎　×

第17問　次の事項の内容が正しい場合は○、誤っている場合は×を選びな
さい。

ホーン・ヤールによるパーキンソン病の重症度分類では、ステー
ジⅤ度は一部の日常生活で介助が必要となる。

◎　○

◎　×

第18問　次の事項の内容が正しい場合は○、誤っている場合は×を選びな
さい。

糖尿病で運動神経の障害により、つまずきやすくなっている場合
には、床材はフローリングにするとよい。

◎　○

◎　×

第19問　次の事項の内容が正しい場合は○、誤っている場合は×を選びなさい。

虚血性心疾患には、冠動脈が動脈硬化などにより狭くなって血栓ができ、血液がとだえて心筋が壊死する「心筋梗塞」と、その軽症型ともいわれる「狭心症」がある。
◎　○
◎　×

第20問　次の事項の内容が正しい場合は○、誤っている場合は×を選びなさい。

シックハウス症候群と化学物質過敏症は、その場を離れるか転居することで症状は改善される。
◎　○
◎　×

第21問　次の事項の内容が正しい場合は○、誤っている場合は×を選びなさい。

脊髄小脳変性症は、四肢の動きがぎこちなくなる、歩行困難になるなどの運動失調が生じる病気の総称で、日本では遺伝性のものが約40％を占める。
◎　○
◎　×

第22問 次の事項の内容が正しい場合は○、誤っている場合は×を選びな
さい。

排尿障害があり、寝たきりなどでトイレに行くことができない場
合には、ストーマを造設する。

◎ ○

◎ ×

第23問 次の事項の内容が正しい場合は○、誤っている場合は×を選びな
さい。

視野欠損の同名半盲は、両眼の同じ側の部分が見えなくなる症状
のことである。

◎ ○

◎ ×

第24問 次の事項の内容が正しい場合は○、誤っている場合は×を選びな
さい。

言語障害の構音障害では、「聞いて理解する」「文字を書く・読む」
ことに障害が起こる。

◎ ○

◎ ×

第25問　次の事項の内容が正しい場合は○、誤っている場合は×を選びなさい。

知的障害の程度は、主に軽度、中度、重度、最重度の4段階に分類されている。
◎　○
◎　×

第26問　次の事項の内容が正しい場合は○、誤っている場合は×を選びなさい。

ケアマネジメントの援助過程は、相談、アセスメント、モニタリング、ケアプランの作成、ケアプランの実施の流れで進められる。
◎　○
◎　×

第27問　次の事項の内容が正しい場合は○、誤っている場合は×を選びなさい。

介護保険制度では、福祉用具貸与事業所および福祉用具販売事業所に福祉用具プランナーを2名以上配置することが義務づけられている。
◎　○
◎　×

第28問 次の事項の内容が正しい場合は○、誤っている場合は×を選びなさい。

福祉住環境整備では、整備を行った後に本人の生活が改善され、当初の目的が達成できたかどうかは、数日間では判断できないため、フォローアップを行う必要がある。
◎ ○
◎ ×

第29問 次の事項の内容が正しい場合は○、誤っている場合は×を選びなさい。

体の位置を移動させるときに手を滑らせながら使用する手すりは、グラブバーである。
◎ ○
◎ ×

第30問 次の事項の内容が正しい場合は○、誤っている場合は×を選びなさい。

自走用車椅子を使用している場合、車椅子から便器へアプローチする方法として最も多いのは側方アプローチである。
◎ ○
◎ ×

第1問　次の文章の【 A 】および【 B 】の部分に当てはまる最も適切なものを①～④の中から1つ選びなさい。

介護保険制度の地域密着型サービスでは、切れ目のないケアを提供するため、通いを中心として、利用者の状態や希望に応じて、随時【 A 】を組み合わせることのできる【 B 】のサービスを提供している。

	A	B
◎ ①	定期的な巡回や通報への対応など	小規模多機能型居宅介護
◎ ②	夜間に定期巡回する訪問介護	夜間対応型訪問介護
◎ ③	定期的な巡回や通報への対応など	定期巡回・随時対応型訪問介護看護
◎ ④	訪問や泊まり	小規模多機能型居宅介護

第2問　次の文章の【 A 】の部分に当てはまる最も適切なものを①～④の中から1つ選びなさい。

障害者総合支援法の居室支援系のサービスでは、障害者に対して、主に夜間、共同生活を営むべき住居で、相談、入浴・排泄、食事の介護、その他日常生活上の援助を行う【 A 】を規定している。【 A 】では、住居は、アパートやマンションなどの集合住宅や戸建住宅など既存の建物を利用することができる。

◎ ①　福祉ホーム
◎ ②　グループホーム
◎ ③　シルバーハウジング
◎ ④　サテライト型住居

第3問 次の文章の【 A 】および【 B 】の部分に当てはまる最も適切なものを①～④の中から１つ選びなさい。

高齢者リハビリテーションでは、対象者の生活機能障害の【 A 】と生活上の問題が重なった結果生じる【 B 】を評価し、【 B 】の状態になった人々の生活機能の再建・QOLの向上をめざして、治療と訓練をする。

	A	B
◎ ①	近因	生活機能の低下・障害
◎ ②	遠因	能力障害
◎ ③	遠因	生活機能の低下・障害
◎ ④	近因	機能・形態障害

第4問 次の文章の【 A 】の部分に当てはまる最も適切なものを①～④の中から１つ選びなさい。

精神障害者のリハビリテーションには、作業療法やレクリエーション療法、【 A 】などがあり、【 A 】では、対人関係において意思疎通する能力や金銭、服薬などの自己管理の技能を改善する訓練を行う。

◎ ① 行動療法

◎ ② 回想法

◎ ③ 精神療法

◎ ④ ソーシャルスキルズ・トレーニング

第5問　次の文章の【 A 】および【 B 】の部分に当てはまる最も適切なものを①～④の中から1つ選びなさい。

腎臓機能障害の疾患には、【 A 】などのような全身性疾患があり、腎臓疾患は、糸球体濾過値が正常値の30%以下になると【 B 】と診断される。

		A	B
◎	①	糖尿病や痛風、膠原病	慢性腎不全
◎	②	急性腎炎やネフローゼ症候群	尿毒症
◎	③	糖尿病や痛風、膠原病	尿毒症
◎	④	急性腎炎やネフローゼ症候群	慢性腎不全

第6問　次の文章の【 A 】の部分に当てはまる最も適切なものを①～④の中から1つ選びなさい。

福祉住環境整備にかかわる相談では、相談の中心は高齢者や障害者本人であるが、必要書類の作成や工事の準備など、本人では速やかに対応できないことや負担になることがあるため、必要に応じて相談者側の中心となる【 A 】を決めておく。

◎　①　コーディネーター

◎　②　ケアマネジャー

◎　③　キーパーソン

◎　④　ソーシャルワーカー

第7問　次の文章の【 A 】および【 B 】の部分に当てはまる最も適切なものを①〜④の中から１つ選びなさい。

一般的に和室の床面は洋室の床面よりも【 A 】程度高くなっているため、高齢者の転倒事故の大きな原因となっている。和洋室の床段差を解消する方法として【 B 】を設置する方法がある。

	A	B
◎ ①	5 mm	ミニスロープ
◎ ②	10 〜 40mm	への字プレート
◎ ③	5 mm	への字プレート
◎ ④	10 〜 40mm	ミニスロープ

第8問　次の文章の【 A 】の部分に当てはまる最も適切なものを①〜④の中から１つ選びなさい。

便器への移乗に車椅子を使用する場合、便座面の高さに配慮する必要がある。便座面の高さが車椅子座面より低い場合には、便座面の高さは【 A 】程度の市販便器に交換するなど工夫する方法がある。

◎ ①　400mm
◎ ②　450mm
◎ ③　370mm
◎ ④　500mm

第9問　次の文章の【 A 】および【 B 】の部分に当てはまる最も適切なものを①〜④の中から1つ選びなさい。

　　　　車椅子を使用して調理を行う場合、キッチン内の配置は、調理機器類を【 A 】に配置する形式が、車椅子での移動に適している。また、キッチンカウンターの高さは、【 B 】程度を目安とし、車椅子使用者の身体寸法や使用する車椅子に合わせて決める。

	A	B
◎ ①	Ⅰ型（一直線上）	740〜800mm
◎ ②	L型（直角）	800〜850mm
◎ ③	Ⅰ型（一直線上）	800〜850mm
◎ ④	L型（直角）	740〜800mm

第10問　次の文章の【 A 】の部分に当てはまる最も適切なものを①〜④の中から1つ選びなさい。

　　　　介護保険制度で住宅改修の給付を受けるには、住宅改修を行う前に工事費見積書と、住宅改修が完了した後に材料や工賃の単価、数量の詳細な金額を工事費科目に分けて集計して記載した【 A 】などを提出する必要がある。
◎ ①　住宅改修が必要な理由書
◎ ②　工事管理書
◎ ③　工事費内訳書
◎ ④　現場説明書

第11問　次の文章の【 A 】および【 B 】の部分に当てはまる最も適切なものを①～④の中から１つ選びなさい。

　　　介助用車椅子には、駆動用の【 A 】がなく、手押しハンドルには介助者用のブレーキが取り付けられている。車椅子のブレーキは、同じ操作でブレーキ制御と解除が交互に作用する【 B 】などがあり、ブレーキの種類により操作方法が異なるため注意する。

	A	B
◎ ①	レッグサポート	トグル式
◎ ②	ハンドリム	トグル式
◎ ③	ハンドリム	レバー式
◎ ④	レッグサポート	プッシュ・プル式

第12問　次の文章の【 A 】の部分に当てはまる最も適切なものを①～④の中から１つ選びなさい。

　　　便座への立ち座りを助ける腰かけ便座には、洋式便器からの立ち座りを補助する機能を有している【 A 】があり、下肢の麻痺、筋力の低下、痛みなどにより通常の便器からの立ち座りが困難な人に有効である。

◎ ①　立ち上がり補助便座

◎ ②　補高便座

◎ ③　据置式便座

◎ ④　ポータブルトイレ

第13問　次の文章の【　A　】および【　B　】の部分に当てはまる最も適切なものを①〜④の中から1つ選びなさい。

取り付け工事を必要としない手すりは、設置場所の自由度が高く、臥位・座位からの立ち上がり、移乗・移動、上りがまちの昇降など、さまざまな生活場面で使用される。そのひとつである【　A　】手すりは、使用時の【　B　】方向の安定性を確認することが必要である。

	A	B
◎ ①	建築物に固定して用いる	垂直
◎ ②	床に置いて使用する	水平
◎ ③	床に置いて使用する	垂直
◎ ④	建築物に固定して用いる	水平

第14問　次の文章の【　A　】の部分に当てはまる最も適切なものを①〜④の中から1つ選びなさい。

【　A　】は、体に固定しているベルト（ハーネス）に接続されたコントロールケーブルを牽引してフック状の手先具を操作する義手で、つかむ、握るなど日常生活の動作性を目的で用いられる。
◎ ①　装飾用義手
◎ ②　作業用義手
◎ ③　電動義手
◎ ④　能動義手

第1問　次の①～④の記述の中で、その内容が最も適切なものを1つ選び
　　　なさい。

◎　①　日本は1970（昭和45）年に高齢化率が7％を上回り、
　　　1994（平成6）年には14％、2007（平成19）年には27％
　　　を超え、「超高齢社会」に突入した。

◎　②　日本の高齢者保健福祉制度は、戦後の混乱期を脱し、高
　　　度経済成長期にあった1963（昭和38）年に制定された「老
　　　人福祉法」を嚆矢とする。

◎　③　急速な高齢化に伴う社会問題に対処すべく、1986（昭和
　　　61）年には「長寿社会対策大綱」が閣議決定され、1989（平
　　　成元）年には20世紀中に実現を図るべき10か年の数値目標
　　　を示した「高齢者保健福祉推進十か年戦略（ゴールドプラン）」
　　　が策定された。

◎　④　「介護の社会化」が求められるなか、高齢社会福祉ビジョ
　　　ン懇談会は1994（平成6）年3月に「21世紀福祉ビジョン」
　　　を発表し、「高齢者の自立支援」を基本理念に、高齢者自身
　　　による選択、介護サービスの一元化、ケアマネジメントの確
　　　立、社会保険方式を基礎とする介護システム創設を提言した。

第2問　次のア〜エの記述について、適切なものを○、不適切なものを×
としたとき、正しい組み合わせを①〜④から1つ選びなさい。

　ア　30歳代の生理機能を100％とした場合、80歳代になると神
　　　経伝達速度は約85％、腎臓内で血液を濾過する糸球体濾過率
　　　は約60％、肺で酸素を交換する最大換気量は50％以下に低下
　　　する。

　イ　東京都老人総合研究所（現・東京都健康長寿医療センター研
　　　究所）の長期縦断研究によれば、都市部の80歳以上の高齢者
　　　は60〜69歳の高齢者に比べて速く歩く能力が約30％低下し
　　　ていた。

　ウ　老化現象の進み方が遅く、高齢期でも心身の機能低下が少な
　　　い状態を「通常老化（健常老化）」といい、さまざまな老化促
　　　進因子により老化現象が急速に進み、病気になりやすい状態を
　　　「病的老化」という。

　エ　介護保険の被認定者数から推定すると高齢者の半数は元気で
　　　あるが、予備能力やさまざまな身体能力が低下しているため、
　　　高齢者がひとたび病気にかかると、他の多くの病気を併発しが
　　　ちになる。

　◎　①　ア○　イ×　ウ○　エ×
　◎　②　ア×　イ○　ウ×　エ○
　◎　③　ア○　イ×　ウ×　エ○
　◎　④　ア×　イ○　ウ○　エ×

第3問　次のア〜エの記述について、適切なものを○、不適切なものを×
としたとき、正しい組み合わせを①〜④から1つ選びなさい。

ア　脳血管障害は、脳の血管が破れる「クモ膜下出血」と「脳出
血」、脳の血管が詰まる「脳梗塞」の3種類に分けられ、クモ
膜下出血が最も多く、全体の70〜80%を占める。

イ　クモ膜下出血では突発性の激しい頭痛が特徴的な症状で、脳
出血や脳梗塞では片麻痺や感覚障害、意識障害などが現れやす
いが、損傷を受けた部位によってその症状は異なる。

ウ　脳血管障害の経過は急性期、回復期、生活期に分けられ、リ
ハビリーテーションは回復期から開始される。

エ　脳血管障害に伴う生活上の不便・不自由さは一様ではなく、
福祉住環境整備の方針を決める際には、対象者の移動レベルや
注意障害などを考慮する必要がある。

◎ ①　ア ○　イ ○　ウ ×　エ ×
◎ ②　ア ×　イ ○　ウ ×　エ ○
◎ ③　ア ×　イ ×　ウ ○　エ ○
◎ ④　ア ○　イ ×　ウ ○　エ ×

第4問　次の①〜④の記述の中で、その内容が最も適切なものを1つ選び
　　　なさい。

　　◎　①　認知症の治療は薬物療法と介護が基本で、非薬物療法は
　　　　　行われず、薬物療法ではその進行を抑える薬や周辺症状を軽
　　　　　減する薬が処方される。

　　◎　②　認知症高齢者は、新しいことを覚えるのも、昔に習い覚
　　　　　えたことや昔の出来事を思い出すのも苦手である。

　　◎　③　日々の生活において、認知症の初期には排泄・入浴・食
　　　　　事といった日常生活動作（ADL）レベルの支障がまず現れる。

　　◎　④　認知症高齢者の抱える生活上の不便さや不自由さは、環
　　　　　境面や介護面での配慮や工夫によって補い、周りの人たちと
　　　　　の調和を保ちながら、認知症高齢者が高い生活の質（QOL）
　　　　　で快適な生活ができるように支援する必要がある。

第5問　次の①〜④の記述の中で、その内容が最も適切なものを1つ選び
　　　なさい。

　　◎　①　パーキンソン病は、手足の震えや筋肉のこわばりなどが
　　　　　現れる神経難病の一つで、脳内で神経伝達物資であるドパミ
　　　　　ン（ドーパミン）が過剰になることが原因で発症する。

　　◎　②　パーキンソン病の代表的症状は、「振戦（震え）」「筋固
　　　　　縮」「多動」「姿勢反射障害・歩行障害」で、「四徴」と呼ば
　　　　　れる。

　　◎　③　パーキンソン病の症状は、1日あるいは1週間の間に変
　　　　　動することが多く、その時々の状況を観察したうえで、介護
　　　　　の要・不要を判断することが重要となる。

　　◎　④　歩行障害として、歩き始めの第一歩が踏み出しにくい「す
　　　　　くみ足」がみられるときは、足の振り出しを促すため、床に

約50cm間隔で目印となるカラーテープを貼るとよい。

第6問　次のア〜エの記述について、適切なものを○、不適切なものを×
　　　としたとき、正しい組み合わせを①〜④から１つ選びなさい。

　　ア　脊髄は、延髄から、脊椎の椎孔（ついこう）が縦に連なった脊柱管の中を
　　　　通る神経の束で、脊椎に対応して頸髄（C_1〜C_8）、胸髄（T_1
　　　　〜T_{12}）、腰髄（L_1〜L_5）、仙髄（S_1〜S_5）、尾髄（C_0）の髄節
　　　　に分けられる。
　　イ　脊髄損傷は何らかの原因で脊髄が損傷された状態のことで、
　　　　そのレベルは損傷されたいちばん上の髄節の名前で示す。
　　ウ　腰髄損傷（L_1〜L_5）の場合、両上肢や体幹筋は正常であり
　　　　ADL能力も高いが、下肢が動かず、車椅子による移動や車椅
　　　　子への移乗を考慮した住環境整備が必要となる。
　　エ　脊髄損傷者のほとんどは、正常な便意と排便コントロール機
　　　　能を失い、便秘傾向を示すため、イレウス（腸閉塞）の発生に
　　　　注意しながら、緩下剤、坐薬、浣腸などを使って便習慣を確立
　　　　することになる。
　　◎　①　ア○　イ×　ウ×　エ○
　　◎　②　ア○　イ×　ウ○　エ×
　　◎　③　ア×　イ○　ウ×　エ○
　　◎　④　ア×　イ○　ウ○　エ×

第7問　次のア〜エの記述について、適切なものを○、不適切なものを×
　　　　としたとき、正しい組み合わせを①〜④から1つ選びなさい。

　　ア　福祉用具専門相談員は、介護保険の指定を受けた福祉用具貸
　　　　与・販売事業所に2名以上の配置が義務づけられている専門職
　　　　であり、ケアプランを作成する介護支援専門員（ケアマネ
　　　　ジャー）と連携をとりながら福祉用具サービスを提供している。
　　イ　リハビリテーション工学技師とは、リハビリテーションセン
　　　　ターで働く義肢装具士のことある。
　　ウ　建築士は「建築士法」に規定される建築物設計の専門家であ
　　　　り、一級建築士、二級建築士、三級建築士の3種類の資格があ
　　　　り、建築物の規模・用途・構造に応じてそれぞれの業務範囲等
　　　　が決められている。
　　エ　室内の装飾や家具・照明といったインテリアに関連し、施工
　　　　主に対して適切な商品選択の助言など行うインテリアコーディ
　　　　ネーターは、公益社団法人インテリア産業協会が認定する民間
　　　　資格である。
　　◎　①　ア○　イ×　ウ○　エ×
　　◎　②　ア×　イ○　ウ○　エ×
　　◎　③　ア○　イ×　ウ×　エ○
　　◎　④　ア×　イ○　ウ×　エ○

第8問　次の①〜④の記述の中で、その内容が最も適切なものを1つ選び
なさい。

　　　◎　①　精神保健福祉士は、障害者の居宅介護を専門に請け負う
　　　　　　職種である。
　　　◎　②　住環境整備にかかわる公的制度を活用するときには、市
　　　　　　町村の担当職員から制度の内容や手続きについて的確な情報
　　　　　　を得ることが重要なポイントとなる。
　　　◎　③　ソーシャルワーカーは、資格を有して社会福祉に従事し
　　　　　　ている人の呼び名である。
　　　◎　④　義肢装具士は、患者の要望を聞いたうえで、独自の判断
　　　　　　で義肢・装具の採型や採寸を行い、義肢・装具を製作する。

第9問　次の①〜④の記述の中で、その内容が最も適切なものを1つ選び
なさい。

　　　◎　①　玄関扉には高齢者にも車椅子使用者にも、体の移動動作
　　　　　　が少なくてすむ引き戸が適する。
　　　◎　②　通常、玄関扉の開口有効寸法は600〜650mm程度だが、
　　　　　　幅広タイプの製品には開口有効寸法を800〜850mm程度
　　　　　　確保したものもある。
　　　◎　③　上りがまち段差軽減のために玄関土間に踏台を置くとき
　　　　　　は、踏台の高さは上がりがまち段差を等分に分ける寸法で設
　　　　　　置し、奥行きは昇降しやすいように300mm以上とするのが
　　　　　　基本で、安全のため壁面には手すりを取り付ける。
　　　◎　④　立ち上がり用の玄関ベンチを設置するときは、ベンチの
　　　　　　座面端部から150〜240mm程度の位置に縦手すりを取り
　　　　　　付けて、立ち上がり動作の安全を図る。

第10問　次のア〜エの記述について、適切なものを〇、不適切なものを×
　　　　としたとき、正しい組み合わせを①〜④から1つ選びなさい。

　　　ア　屋内移動における福祉住環境整備で配慮すべき点は、廊下の
　　　　　幅員、戸や扉の有効寸法や形状、出入り口の段差などで、生活
　　　　　空間は居住スペースと寝室を1階と2階に分けることが望まし
　　　　　い。
　　　イ　介助歩行が必要な場合の廊下の有効寸法は、基本的には2人
　　　　　分必要になる。
　　　ウ　通常の自走用車椅子で廊下を直角に曲がるには、廊下の有効
　　　　　寸法は最低でも850〜900mm必要となるが、既存住宅では
　　　　　この整備は困難で、現実的には各室出入り口の開口有効寸法の
　　　　　拡張で対応することになる。
　　　エ　基準寸法を910mm（3尺）として造られた住宅では、開き
　　　　　戸の開口有効寸法は通常700mmよりも小さくなり、車椅子を
　　　　　使用するときはこれを拡げる必要がある。
　　　◎　①　ア〇　イ〇　ウ×　エ×
　　　◎　②　ア〇　イ×　ウ×　エ〇
　　　◎　③　ア×　イ〇　ウ〇　エ×
　　　◎　④　ア×　イ×　ウ〇　エ〇

第11問　次の①〜④の記述の中で、その内容が最も不適切なものを１つ選びなさい。

◎　①　歩行補助つえは介護保険の給付対象となる福祉用具（貸与）だが、Ｔ字型つえはその対象に含まれない。

◎　②　エルボークラッチ（ロフストランド・クラッチ）は、脳性麻痺や脊髄損傷などＴ字型つえでは支持が困難な場合に用いられる歩行補助つえである。

◎　③　歩行器および歩行車は握り部（支持部）、支柱フレーム、脚部で構成され、脚部に車輪のないものが歩行器、２輪以上の車輪があるものが歩行車である。

◎　④　座位変化形車椅子のうち、座面（シート）と背もたれ（バックサポート）の角度を保ったまま後ろに倒せるものをリクライニング式車椅子という。

第12問　次のア〜エの記述について、適切なものを○、不適切なものを×
　　　　としたとき、正しい組み合わせを①〜④から１つ選びなさい。

　　　　ア　特殊寝台（介護用ベッド）は介護保険の福祉用具（貸与）の
　　　　　　対象種目だが、平ベッドは対象種目ではない。
　　　　イ　介護の場面で必要になることもある吸入器や吸引器は、介護
　　　　　　保険の特定福祉用具（購入）の対象種目である。
　　　　ウ　義手や義足（義肢）は「補装具」として、障害者総合支援法
　　　　　　における福祉用具の対象種目だが、介護保険制度における福祉
　　　　　　用具の対象種目ではない。
　　　　エ　車椅子は、要介護度が軽度（要支援者、要介護１）な人に対
　　　　　　しても、介護保険制度の福祉用具（貸与）として給付される。
　　　　◎　①　ア○　イ×　ウ○　エ×
　　　　◎　②　ア×　イ○　ウ○　エ×
　　　　◎　③　ア×　イ○　ウ×　エ○
　　　　◎　④　ア○　イ×　ウ×　エ○

第13問　次の事例を読んで、①〜④の中で最も適切なものを1つ選びなさい。

Bさんは70歳男性。5年前にパーキンソン病を発症し、現在では小刻み歩行がみられようになった。立ち座り動作も不安定で、トイレでは家族の介助を必要としている。将来的には車椅子使用も考えられるが、自己所有ではあるものの集合住宅（マンション2階）居住で生じる改修制限や、Bさんの自立意識の高さを尊重して、まずは手すりの設置で対応することにした。寝室からトイレまでの動線には横手すり、方向転換場所には縦手すりを設置し、トイレ内にも、正面の壁面には便器に腰を下ろすための横手すり、右壁面には立ち上がるための縦手すりを設置した。このとき、トイレ内の縦手すりの設置位置として、次ページの図①〜④のうち最も適切なものはどれか。

◎　①
◎　②
◎　③
◎　④

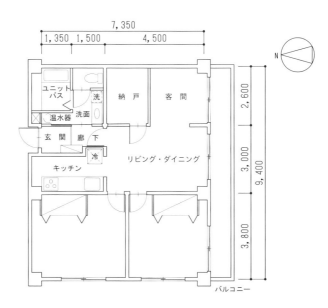

①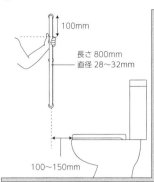

②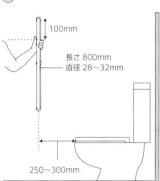

③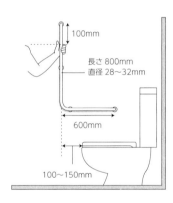

④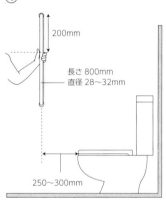

第14問　次の事例を読んで、①〜④の中で最も適切なものを1つ選びなさい。

F さんは、58歳男性。脊髄損傷で両下肢が麻痺しているが、両上肢は使えるので日常生活動作（ADL）は高い。自走用車椅子を使い、生活はかなり自立していて、屋外へも散歩など自由に出かけたいと思っている。しかし、玄関と地面（道路面）に段差があり、玄関から先が階段になっていて、介助なしに一人で車椅子では出られない。そこで、思い切ってリビングの外側にウッドデッキをつくり、車椅子で自由に行き来できるスロープを設置することにした。スロープの設置工事として、次ページの図①〜④のうち最も適切なものはどれか。

◎　①

◎　②

◎　③

◎　④

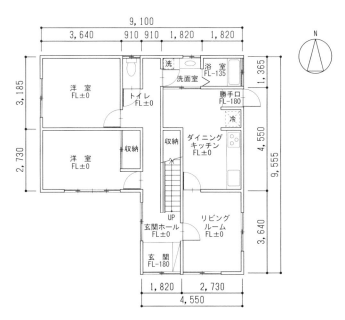

①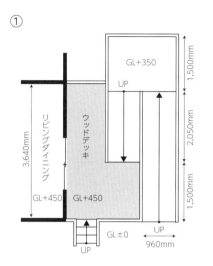

②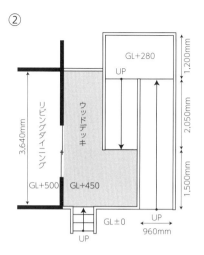

③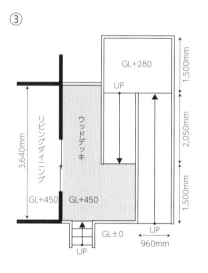

④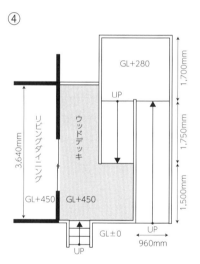

第 3 回

模擬試験

1回目 (　　/　　)

大問1・2	大問3・4	大問5・6	合計
／30	／28	／42	／100

2回目 (　　/　　)

大問1・2	大問3・4	大問5・6	合計
／30	／28	／42	／100

第1問　次の事項の内容が正しい場合は○、誤っている場合は×を選びなさい。

日本の木造住宅は、3尺という尺貫法を基準に造られ、建築材料や部材の製作などに大きく影響している。

◎　○

◎　×

第2問　次の事項の内容が正しい場合は○、誤っている場合は×を選びなさい。

住環境整備が必要な高齢者に対して、市町村が介護保険制度の給付対象以外の住宅改修費用を助成する事業として、高齢者住宅整備資金貸付制度がある。

◎　○

◎　×

第3問　次の事項の内容が正しい場合は○、誤っている場合は×を選びなさい。

個人情報保護法には、個人情報、個人識別符号、要配慮個人情報、匿名加工情報などが規定されており、福祉住環境コーディネーターは、個人情報保護法を遵守する必要がある。

◎　○

◎　×

第4問　次の事項の内容が正しい場合は○、誤っている場合は×を選びな
さい。

地域リハビリテーションでは、地域を基盤としたさまざまなリハ
ビリテーション活動が行われる。

◎　○

◎　×

第5問　次の事項の内容が正しい場合は○、誤っている場合は×を選びな
さい。

通常老化は病気が生じやすく、やがて老年症候群を発症するよう
になる。

◎　○

◎　×

第6問　次の事項の内容が正しい場合は○、誤っている場合は×を選びな
さい。

老化現象には、普遍性、内在性、進行性、退行性の4つの特徴が
ある。

◎　○

◎　×

第７問　次の事項の内容が正しい場合は〇、誤っている場合は×を選びなさい。

在宅介護では、本人の精神的な快適性より日常生活動作の安全性を確保するため、介護者の視線に入る空間で在宅生活をおくることが重要である。

◎　〇

◎　×

第８問　次の事項の内容が正しい場合は〇、誤っている場合は×を選びなさい。

脳血管障害のリハビリテーション医療は、病状が安定した回復期に行われ、急性期では行われない。

◎　〇

◎　×

第９問　次の事項の内容が正しい場合は〇、誤っている場合は×を選びなさい。

上肢骨折の場合、骨折が治癒してギプスを外し、関節可動域が改善されれば日常生活動作上の支障は少ない。

◎　〇

◎　×

第10問　次の事項の内容が正しい場合は○、誤っている場合は×を選びなさい。

認知症高齢者で混乱のある場合、壁や床は無地にする、家具の配置は変えるなどの混乱を起こさないような住環境整備が必要である。

◎　○

◎　×

第11問　次の事項の内容が正しい場合は○、誤っている場合は×を選びなさい。

関節リウマチでは、関節の可動域が低下するのを防ぐため、調理や衣服の着脱、入浴・洗髪などは、手指を使って動作や作業ができるような住環境整備が必要である。

◎　○

◎　×

第12問　次の事項の内容が正しい場合は○、誤っている場合は×を選びなさい。

パーキンソン病の四徴のうち「無動」では、まばたきの回数が減って表情が乏しくなる仮面様顔貌の症状がみられることがある。

◎　○

◎　×

第13問　次の事項の内容が正しい場合は○、誤っている場合は×を選びなさい。

糖尿病で感覚障害のある場合、熱さに気づかず低温やけどになるおそれがあるので、電気ストーブなどの局所暖房を使用するようにする。
◎　○
◎　×

第14問　次の事項の内容が正しい場合は○、誤っている場合は×を選びなさい。

筋萎縮性側索硬化症（ALS）は、筋肉細胞が壊れ、筋委縮、筋力低下が進行する遺伝性疾患である。
◎　○
◎　×

第15問　次の事項の内容が正しい場合は○、誤っている場合は×を選びなさい。

脳性麻痺の運動障害には、痙直型、不随意運動型、失調型などがある。
◎　○
◎　×

第16問　次の事項の内容が正しい場合は○、誤っている場合は×を選びな
　　　　さい。

　　　腎臓疾患で行われる腹膜透析には、CAPD（連続携行式腹膜透析）
　　　と、APD（自動腹膜透析）があり、現在はAPDが標準的に行わ
　　　れている。
　　　◎　○
　　　◎　×

第17問　次の事項の内容が正しい場合は○、誤っている場合は×を選びな
　　　　さい。

　　　視力障害者は、コントラストの感度が低いため、照明は直接目に
　　　光が入る器具を選ぶ。
　　　◎　○
　　　◎　×

第18問　次の事項の内容が正しい場合は○、誤っている場合は×を選びな
　　　　さい。

　　　聴覚障害者の住環境整備では、遮音性の高い壁や窓、吸音性の高
　　　い壁や床などを設置する。
　　　◎　○
　　　◎　×

第19問　次の事項の内容が正しい場合は○、誤っている場合は×を選びなさい。

自閉症の場合、言語指示による聴覚情報を中心としたコミュニケーションの方法を用いるのが有効である。

◎　○

◎　×

第20問　次の事項の内容が正しい場合は○、誤っている場合は×を選びなさい。

注意欠陥多動性障害は、多動性 - 衝動性優勢型、不注意優勢型、混合型の3タイプに分けられる。

◎　○

◎　×

第21問　次の事項の内容が正しい場合は○、誤っている場合は×を選びなさい。

居住サポート事業では、公営住宅や民間賃貸住宅への入居を希望しているが、保証人がいないなどの理由で入居が困難な精神障害者等に、入居・居住支援のための関係機関によるサポート体制の調整を行う。

◎　○

◎　×

第22問　次の事項の内容が正しい場合は○、誤っている場合は×を選びな
　　　　さい。

　　　　住宅改修では、利用者の基本的動作についてとらえるだけでなく、
　　　　不安を感じることがあるのかなど、利用者の主観的な事実も把握
　　　　しておくことが大切である。
　　　　◎　○
　　　　◎　×

第23問　次の事項の内容が正しい場合は○、誤っている場合は×を選びな
　　　　さい。

　　　　介護保険制度の利用前に住宅改修の相談があった場合、住宅改修
　　　　事業者に話をつなげ、住宅改修に限定してケアプランを作成する
　　　　ことが大切である。
　　　　◎　○
　　　　◎　×

第24問　次の事項の内容が正しい場合は○、誤っている場合は×を選びな
　　　　さい。

　　　　ケアマネジメントでは、介護支援専門員はサービス提供者ととも
　　　　に事例検討会を開催し、最も効果的なプランを立案する。
　　　　◎　○
　　　　◎　×

第25問　次の事項の内容が正しい場合は〇、誤っている場合は×を選びな
さい。

相談援助における個別化の原則では、本人の「できないこと」に
目を向けるストレングスの視点をもつことが重要である。
◎　〇
◎　×

第26問　次の事項の内容が正しい場合は〇、誤っている場合は×を選びな
さい。

相談援助において、自分の意思を他者に伝える能力が本人に十分
でない場合、援助側が本人の意思・意向をとらえ、代弁するアド
ボカシーの機能が必要になる。
◎　〇
◎　×

第27問　次の事項の内容が正しい場合は〇、誤っている場合は×を選びな
さい。

介護保険制度では、福祉用具貸与事業所・福祉用具販売事業所に、
福祉用具プランナーを2名以上配置することが義務づけられてい
る。
◎　〇
◎　×

第28問　次の事項の内容が正しい場合は○、誤っている場合は×を選びな
　　　　さい。

　　　　車椅子の全幅は、自走用で620 ～ 630mm、介助用で530 ～
　　　　570mm程度であるため、廊下の幅員が3尺モジュール（910mm）
　　　　の場合、廊下を直進することができる。
　　　　◎　○
　　　　◎　×

第29問　次の事項の内容が正しい場合は○、誤っている場合は×を選びな
　　　　さい。

　　　　階段を安全に昇降できるようにするためには、寸法は建築基準法
　　　　で規定されている、蹴上は230mm以下、踏面は150mm以上
　　　　を基準として住環境整備を行う。
　　　　◎　○
　　　　◎　×

第30問　次の事項の内容が正しい場合は○、誤っている場合は×を選びな
　　　　さい。

　　　　移動用リフトは、からだを吊り上げて移乗や移動を支援する機器
　　　　で、床走行式、固定式（設置式）、据置式、天井走行式に大別さ
　　　　れる。このうち天井走行式リフトは介護保険において福祉用具の
　　　　給付対象となっている。
　　　　◎　○
　　　　◎　×

第1問　次の文章の【 A 】および【 B 】の部分に当てはまる最も適切なものを①〜④の中から1つ選びなさい。

2014年（平成26）年の介護保険制度改正後に導入された、新しい総合事業の介護予防・生活支援サービス事業では、【 A 】および【 B 】該当者を対象として、介護予防ケアマネジメントをもとに、市町村が訪問型サービスや通所型サービス、その他の生活支援サービスを提供する。

<table>
<tr><td></td><td></td><td>A</td><td>B</td></tr>
<tr><td>◎</td><td>①</td><td>要介護者</td><td>アセスメント</td></tr>
<tr><td>◎</td><td>②</td><td>要支援者</td><td>基本チェックリスト</td></tr>
<tr><td>◎</td><td>③</td><td>要介護者</td><td>基本チェックリスト</td></tr>
<tr><td>◎</td><td>④</td><td>要支援者</td><td>アセスメント</td></tr>
</table>

第2問　次の文章の【 A 】の部分に当てはまる最も適切なものを①〜④の中から1つ選びなさい。

障害基本計画の概要に含まれている安全・安心な生活環境の整備では、住宅の確保、移動しやすい環境の整備など、【 A 】に配慮した施設などの普及促進、障害者に配慮したまちづくりの総合的な推進など、障害者施策の基本的な方向が示されている。

◎　①　バリアフリー

◎　②　ノーマライゼーション

◎　③　アクセシビリティ

◎　④　ユニバーサルデザイン

第3問　次の文章の【 A 】および【 B 】の部分に当てはまる最も適切なものを①～④の中から１つ選びなさい。

加齢に伴い筋力と【 A 】が低下すると、立位を保持する際に体幹動揺が大きくなり転倒しやすくなる。また円背の高齢者は【 B 】で歩く傾向がみられ、小さな段差でもつまずきやすくなり、異常姿勢や歩行障害も転倒や骨折の原因になる。

		A	B
◎	①	平衡感覚機能	すり足
◎	②	自律神経機能	すくみ足
◎	③	平衡感覚機能	すくみ足
◎	④	自律神経機能	突進歩行

第4問　次の文章の【 A 】の部分に当てはまる最も適切なものを①～④の中から１つ選びなさい。

胸髄損傷者や頸髄損傷者で長時間車椅子に座っている場合、最低１時間に１回は【 A 】をして坐骨部の除圧をする。【 A 】ができない頸髄損傷者の場合、体幹側屈をして座位姿勢を変えるなどの方法で坐骨部の除圧を行う。

◎　①　体位交換
◎　②　移乗動作
◎　③　プッシュアップ
◎　④　良肢位保持

第5問　次の文章の【 A 】および【 B 】の部分に当てはまる最も適切なものを①～④の中から1つ選びなさい。

ヒト免疫不全ウイルス（HIV）の治療は、抗HIV薬によるウイルスのコントロールと免疫不全に伴う【 A 】感染症の予防と治療が中心となる。将来の【 B 】発症や死亡、社会的立場に対する不安などにより抑うつを生じやすくなるため、精神的なサポートが必要になる。

		A	B
◎	①	コロナウイルス	ALS
◎	②	日和見	AIDS
◎	③	コロナウイルス	AIDS
◎	④	日和見	ARDS

第6問　次の文章の【 A 】の部分に当てはまる最も適切なものを①～④の中から1つ選びなさい。

相談援助において、本人の【 A 】を引き出すことが重要である。【 A 】を引き出すためには、援助関係をつなぐ過程を重視し、本人が今置かれている状況と、それに伴う感情に近づきながら本人を受容していく作業が必要となる。

◎ ①　意欲
◎ ②　デマンド
◎ ③　課題
◎ ④　ニーズ

第7問　次の文章の【 A 】および【 B 】の部分に当てはまる最も適切なものを①～④の中から１つ選びなさい。

玄関土間の上がりがまち段差を分割して段差を解消する場合、【 A 】を設ける。【 A 】の高さは、上がりかまち段差を等分に分ける寸法で設置し、奥行きは400mm以上とし、安全に昇降するため壁面に【 B 】を取り付ける。

	A	B
◎ ①	ベンチ	縦手すり
◎ ②	踏台	横手すり
◎ ③	踏台	縦手すり
◎ ④	ベンチ	横手すり

第8問　次の文章の【 A 】の部分に当てはまる最も適切なものを①～④の中から１つ選びなさい。

住宅で使用される建具は引き戸、開き戸などがあるが、高齢者や障害者には開閉動作がしやすい【 A 】が多く使用されている。３枚【 A 】は、玄関や浴室などで、介護が必要な場合や福祉用具を使用する場合によく使用される。

◎ ①　折れ戸
◎ ②　引き分け戸
◎ ③　片引き戸
◎ ④　引き違い戸

第9問　次の文章の 【 Ａ 】 および 【 Ｂ 】 の部分に当てはまる最も適切
　　　　なものを①〜④の中から１つ選びなさい。

　　　高齢者や障害者が廊下を移動する際は、通行幅員を確保する必要
　　　がある。介助歩行の場合、廊下の有効寸法は 【 Ａ 】 を必要とし、
　　　自走用車椅子使用の場合、廊下を直角に曲がったり、居室へ出入
　　　りする際は、廊下幅員は有効寸法で最低でも 【 Ｂ 】 必要となる。

	Ａ	Ｂ
◎ ①	1.5人分	750 〜 780mm
◎ ②	1.2人分	750 〜 780mm
◎ ③	1.5人分	850 〜 900mm
◎ ④	1.2人分	850 〜 900mm

第10問　次の文章の 【 Ａ 】 の部分に当てはまる最も適切なものを①〜④
　　　　の中から１つ選びなさい。

　　　照明スイッチは、出入り口の脇と枕元の両方で操作できるスイッ
　　　チやリモコンで点灯・消灯できるようにすると、高齢者や障害者
　　　には使用しやすい。照明スイッチの設置高さは、上肢に障害があ
　　　り、腕を高く上げられない場合には、床面から 【 Ａ 】 に設置する。

◎ ①　800 〜 900mm

◎ ②　700mm

◎ ③　900 〜 1,000mm

◎ ④　1,000 〜 1,100mm

第11問　次の文章の【 A 】および【 B 】の部分に当てはまる最も適切なものを①〜④の中から１つ選びなさい。

段差解消機は、概ね１ｍ以内の段差がありスロープを設置することが困難な場合に、玄関の上がりがまちや庭の掃出し窓などに設置する機器で、【 A 】は原則として介護保険の給付対象となっていない。【 B 】は、数cmの段差が残らないため使い勝手の点で優れている。

	A	B
◎ ①	要支援、要介護１〜３の者	設置式
◎ ②	要支援、要介護１の者	据置式
◎ ③	要支援、要介護１〜３の者	移動式
◎ ④	要支援、要介護１の者	設置式

第12問　次の文章の【 A 】の部分に当てはまる最も適切なものを①〜④の中から１つ選びなさい。

【 A 】は、浴槽縁に台を掛けて設置し、座った姿勢で浴槽の出入りができるようにする福祉用具で、下肢に関節可動域の制限、痛み、筋力低下があり、立位バランスが不安定な人に適している。

◎ ①　入浴用いす

◎ ②　入浴台

◎ ③　浴槽設置式リフト

◎ ④　浴槽内いす

第13問　次の文章の【 A 】および【 B 】の部分に当てはまる最も適切
なものを①〜④の中から１つ選びなさい。

つえの高さは、足先の斜め前方【 A 】の場所についたときに、
肘が30度ほど軽く曲がった状態になるもの、または、その状態
でつえの握り部が【 B 】の高さにくるものが適している。

	A	B
◎ ①	300mm	大腿骨大転子
◎ ②	150mm	大腿骨頸部
◎ ③	300mm	大腿骨頸部
◎ ④	150mm	大腿骨大転子

第14問　次の文章の【 A 】の部分に当てはまる最も適切なものを①〜④
の中から１つ選びなさい。

視覚障害者で、視力低下の軽微な場合は、凸レンズ度数の大きい
近用眼鏡、手持ち式拡大鏡や卓上式拡大鏡を使用するが、弱視や
ロービジョンでさらに見えにくい場合は、眼鏡に小型の【 A 】
を装着した弱視眼鏡を使用する。

◎ ①　双眼鏡

◎ ②　ルーペ

◎ ③　単眼鏡

◎ ④　遮光レンズ

第1問　次の①～④の記述の中で、その内容が最も適切なものを1つ選び
なさい。

◎ ①　日本における高齢者に配慮した住宅政策の取り組みは、
「老人福祉法」が制定された1963（昭和38）年に始まる。

◎ ②　公団賃貸住宅（現・UR賃貸住宅）で高齢者世帯と子ど
も世帯とが同居する「ペア入居」の供給が開始されたのは、
1969（昭和44）年である。

◎ ③　日本で高齢者向けの住宅政策への取り組みが本格化した
のは、高齢化の進展が顕著になりはじめた1980年代半ば以
降で、市町村による「地域高齢者住宅計画」が策定された。

◎ ④　1990年代には、公営住宅と公団賃貸住宅が1991（平成3）
年度から、民間の賃貸住宅では1995（平成7）年度から、
新設の賃貸住宅における高齢化対策仕様の標準化が開始され
た。

第2問　次の①～④の記述の中で、その内容が最も不適切なものを1つ選びなさい。

◎ ①　1994（平成6）年の「ハートビル法」制定にあわせて、建設省（現・国土交通省）は同年、住まいを福祉の基礎的インフラとして位置づける「生活福祉空間づくり大綱」を策定した。

◎ ②　1999（平成11）年制定の「住宅の品質確保の促進等に関する法律（住宅品確法）」に基づき、2000（平成12）年から「住宅性能表示制度」が開始された。

◎ ③　2001（平成13年）に「高齢者の居住の安定確保に関する法律（高齢者住まい法）」が制定され、2006（平成18）年には新しい住宅政策の憲法といえる「住生活基本法」が制定・施行された。

◎ ④　2007（平成19）年制定・施行の「住宅確保要配慮者に対する賃貸住宅の供給推進に関する法律（住宅セーフティネット法）」は、2017（平成29）年に改正され、これに伴い、セーフティネット住宅に登録された住宅に対して都道府県等による改修費融資が始まった。

第3問　次のア〜エの記述について、適切なものを○、不適切なものを×
　　　　としたとき、正しい組み合わせを①〜④から１つ選びなさい。

　　　ア　高齢者が経験する４つの喪失とは、「知的機能の喪失」「身体
　　　　　的機能の喪失」「社会的役割の喪失」「配偶者や兄弟・友人の喪
　　　　　失」である。
　　　イ　短期記憶を長期記憶にする過程において、加齢とともに情報
　　　　　を注意深く把握する能力は低下するが、整理して脳内に貯蔵す
　　　　　る能力は低下しない。
　　　ウ　知能には流動性知能と結晶性知能があり、このうち変化する
　　　　　課題や新しい環境に適応する能力である流動性知能は、60歳
　　　　　代にピークを迎え、個人差はあるもののそれ以降は徐々に低下
　　　　　する。
　　　エ　健忘状態は一時的に生じるもの忘れで、社会生活をおくるう
　　　　　えでは問題にならないのに対し、認知症にみられるもの忘れは
　　　　　社会生活をおくるうえで支障をきたし、人格の崩れとしてとら
　　　　　えられる。
　　◎　①　ア○　イ○　ウ×　エ×
　　◎　②　ア×　イ○　ウ○　エ×
　　◎　③　ア×　イ×　ウ○　エ○
　　◎　④　ア○　イ×　ウ×　エ○

第４問　次の①～④の記述の中で、その内容が最も適切なものを１つ選び
なさい。

◎　①　骨折は原因・病状・折れ方などによって分類され、「外傷
性骨折」「病的骨折」「疲労骨折」の３つに分けられるのは病
状による分類である。

◎　②　高齢者に多い骨折は、「脊椎椎体圧迫骨折」「大腿骨近位
部骨折」「橈骨・尺骨近位端骨折」「上腕骨外科頸骨折」など
である。

◎　③　骨折治療の目標はできるだけ早く骨癒合させて、四肢の
機能障害を残さないようにすることであり、整復・固定・リ
ハビリテーションが重要である。

◎　④　大腿骨頸部骨折の場合でも、骨折が治癒してギプスを除
去し、関節可動域が改善されていれば日常生活上の支障は少
ない。

第5問　次のア〜エの記述について、適切なものを〇、不適切なものを×
　　　　としたとき、正しい組み合わせを①〜④から１つ選びなさい。

　　　ア　筋ジストロフィーは、筋肉細胞が崩れ、筋萎縮や筋力低下が
　　　　　進行する免疫性疾患である。
　　　イ　脊髄小脳変性症は、小脳から脊髄にかけて変性・萎縮し、四
　　　　　肢の動きがぎこちなくなるなどの運動失調を主症状とする病気
　　　　　の総称で、症状は慢性的に進行し、やがて歩行困難になる。
　　　ウ　筋委縮性側索硬化症（ALS）は、筋肉を動かす命令を伝える
　　　　　運動ニューロンという神経細胞が徐々に変性し、その結果、筋
　　　　　肉が痩せていく進行性の疾患である。
　　　エ　脳性麻痺（CP）は、成人してからの脳障害が原因で、運動
　　　　　機能に異常が生じる疾患である。
　　　◎　①　ア〇　イ〇　ウ×　エ×
　　　◎　②　ア×　イ〇　ウ〇　エ×
　　　◎　③　ア×　イ×　ウ〇　エ〇
　　　◎　④　ア〇　イ×　ウ×　エ〇

第6問　次の①〜④の記述の中で、その内容が最も不適切なものを1つ選びなさい。

◎ ①　内部障害は、「心臓機能障害」「腎臓機能障害」「呼吸器機能障害」「膀胱・直腸機能障害」「小腸機能障害」「ヒト免疫不全ウイルス（HIV）による免疫機能障害（AIDS）」「肝機能障害」の7つの障害の総称である。

◎ ②　近年の内部障害者の増加率は大変高く、厚生労働省による2016（平成28）年の調査によれば、内部障害者増加分は身体障害者増加分の73.5％を占めている。

◎ ③　内部障害は外部からは見えにくく、その不便さや不自由さは周囲からは理解されにくい。

◎ ④　手術により直腸の切除や膀胱の全摘が行われて排泄が困難な場合は、消化器ストーマ（人工肛門）や尿路ストーマ（人工膀胱）が造設され、これらの保有者をストーマメイトという。

第7問　次のア～エの記述について、適切なものを○、不適切なものを×
　　　　としたとき、正しい組み合わせを①～④から1つ選びなさい。

　　ア　マンションリフォームマネジャーは、マンションの専有部分
　　　　のリフォームにおいて、施主（居住者）の要望を実現するため
　　　　に、「区分所有法（マンション法）」などの専門知識をもってリ
　　　　フォームの内容の企画・提案等を行うとともに、工事の実施に
　　　　際して管理組合や施工者などに対する連絡調整、助言、指導を
　　　　行う。
　　イ　増改築相談員は、一定期間を有する住宅建築の実務経験者か
　　　　ら提出された所定の書類を公益財団法人住宅リフォーム・紛争
　　　　処理支援センターが審査し、認証する資格である。
　　ウ　工務店は、一般的に比較的狭いエリアで営業し、地域に密着
　　　　した活動を行う建築会社のことで、一部の例外を除き中・小規
　　　　模の会社が多い。
　　エ　ハウスメーカーは、マンション等の大型建築を含めた住宅建
　　　　設を行う。
　　◎　①　ア○　イ×　ウ×　エ○
　　◎　②　ア○　イ×　ウ○　エ×
　　◎　③　ア×　イ○　ウ×　エ○
　　◎　④　ア×　イ○　ウ○　エ×

第8問　次の①〜④の記述の中で、その内容が最も不適切なものを１つ選びなさい。

◎　①　ケアマネジメントとは、ケアを必要とする人に対して、適切な諸サービスを受けられるように支援する活動のことである。

◎　②　福祉住環境整備は、利用者への生活支援の総合的な計画のなかで存在するものであり、全体のサービスを視野に入れた整備プランでなければ、その有効性は低くなる。

◎　③　認知症などの疾患をもつ高齢者の住宅改修では、利用者のみの意向で行った結果、改修費用を払えないなどのトラブルが発生することがある。

◎　④　福祉用具や住宅改修に関する相談・情報提供業務や、住宅改修費の支給申請に係る理由書作成の経費助成などを行う「福祉用具・住宅改修支援事業」は、すべての市町村で行われている。

第9問　次のア〜エの記述について、適切なものを○、不適切なものを×
　　　　としたとき、正しい組み合わせを①〜④から1つ選びなさい。

　　ア　2階以上に寝室がある場合、トイレに行く途中に階段がある
　　　　と、誤って転倒・転落する危険性がある。
　　イ　従来の回り階段が、回り部分の180度を均等に30度で割っ
　　　　た6ツ割階段であるのに対し、「吹き寄せ階段」は回り部分の
　　　　180度を70度＋20度＋20度＋70度に割った4ツ割階段である。
　　ウ　住宅品確法による高齢者等に配慮した推奨される階段の寸法
　　　　は、勾配が5/8以下で、蹴上げの寸法の2倍と踏面の寸法の和
　　　　が550mm以上、600mm以下であり、また段板（踏み板）と
　　　　段板の間には蹴込み寸法30mm以下で蹴込み板を設置すると
　　　　している。
　　エ　住宅の階段には手すりの取り付けが義務づけられており、手
　　　　すりを取り付ける際、壁からの突出が100mm以内であれば、
　　　　階段幅は手すりがないものとして考えてよい。
　　◎　①　ア○　イ×　ウ○　エ×
　　◎　②　ア×　イ○　ウ○　エ×
　　◎　③　ア○　イ×　ウ×　エ○
　　◎　④　ア×　イ○　ウ×　エ○

第10問　次の①～④の記述の中で、その内容が最も不適切なものを1つ選びなさい。

◎　①　日常生活動作（ADL）のなかでも、入浴行為は最も難しいとされている。

◎　②　浴室の戸は内開き戸が一般的だが、洗い場で事故が起こったときの救出などを考慮すると、開閉動作のしやすい3枚引き戸が望ましい。

◎　③　浴室の出入り口の段差は、浴室に歩行で移動する場合は20mm以下、シャワー用車椅子や介助用車椅子を使用する場合は5mm以下にする。

◎　④　自立歩行ができ入浴動作が自立している場合、内法寸法で間口1,600mm×奥行き1,200mm程度の浴室スペースがあれば入浴動作は可能で、介助が必要になったときにも対応できる。

第11問　次のア～エの記述について、適切なものを○、不適切なものを×
　　　　としたとき、正しい組み合わせを①～④から1つ選びなさい。

　　　ア　車椅子で浴室内に移動し、入浴用椅子へ移乗する場合は、内
　　　　　法寸法で間口1,600mm×奥行き1,600mm以上の浴室スペー
　　　　　スの確保と、出入り口の幅員を広く確保できる浴槽配置のレイ
　　　　　アウトを検討する。
　　　イ　内法寸法で間口1,800mm×奥行き1,400mmの浴室スペー
　　　　　スは、間口1,600mm×奥行き1,600mmよりも狭く、介助ス
　　　　　ペースの確保が困難である。
　　　ウ　浴槽には「和式浴槽」「洋式浴槽」「和洋折衷式浴槽」があり、
　　　　　一般的に、高齢者や障害者には和洋折衷式浴槽が適している。
　　　エ　入浴補助用具として使われる入浴用椅子は、一般的な入浴用
　　　　　の椅子よりも座面が低い。
　　◎　①　ア○　イ○　ウ×　エ×
　　◎　②　ア×　イ○　ウ×　エ○
　　◎　③　ア×　イ×　ウ○　エ○
　　◎　④　ア○　イ×　ウ○　エ×

第12問　次の①～④の記述の中で、その内容が最も適切なものを1つ選び
　　　　なさい。

　　　◎　①　　入浴用リフトで用いられる吊り具には、主にベルト式が
　　　　　　　用いられ、シート状のものや椅子式は使用することができな
　　　　　　　い。
　　　◎　②　　浴室などの水回り空間での使用を前提に設計されたシャ
　　　　　　　ワー用車椅子は、2輪キャスタで小回りには向かない。
　　　◎　③　　ドレッシングエイドやリーチャーは保清や入浴動作に関
　　　　　　　する自助具であり、頭・首・背中・足など、洗いたい場所に
　　　　　　　手が届かない場合に用いられる。
　　　◎　④　　環境制御装置は、上下肢の運動機能に障害がある人が、
　　　　　　　残存した機能を活用した簡単なスイッチ操作によって電化製
　　　　　　　品等の操作を可能にする装置である。

第13問　次の事例を読んで、①〜④の中で最も適切なものを１つ選びなさい。

　Ｃさん（男性）は３歳で筋ジストロフィーを発症し、９歳になった現在では四肢筋力の低下が著しく、排泄・入浴とも全介助レベルにある。福祉サービスも利用しているが、入浴介助は両親が行うことが多い。ただし、両親とも重い腰痛を抱えており、介助の軽減が喫緊の解決課題となっていた。それでも入浴介助はできるだけ続けたいという両親の意向を受け、入浴介助を２人で行うことを提案し、了承を得て、浴室の改修にとりかかることになった。２人で入浴介助をするのに適した浴室内のレイアウトとして、次ページの図①〜④のうち最も適切なものはどれか。

◎　①
◎　②
◎　③
◎　④

①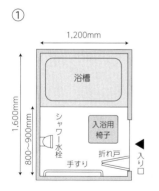

②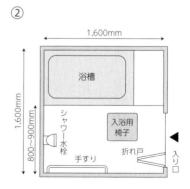

③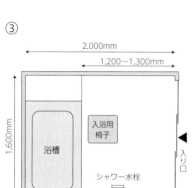

④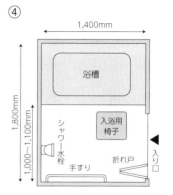

第14問　次の事例を読んで、①～④の中で最も適切なものを１つ選びなさい。

　Ｇさんは、73歳男性。２年前に脳梗塞を発症し、右半身に麻痺がある。つえ歩行が可能で、日常生活は妻の介助で成り立っている。妻の介助負担を減らし、できるだけ日常生活の自立をめざすため、住環境を整備することにした。まず、手はじめに階段の改修を考えた。Ｇさん宅の階段は、従来からある回り階段で踊り場がなく、介助が必要な人や高齢者には一番よくないとされている。できるだけ介助の手を借りないために、改修工事でつくる階段として、次ページの図①～④のうち最も適切なものはどれか。

◎　①
◎　②
◎　③
◎　④

①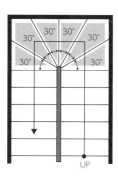

②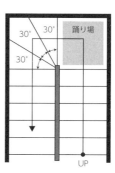

③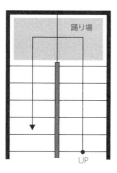

④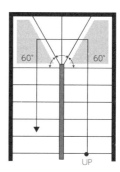

第 **4** 回

模擬試験

1回目（　　／　　）

大問1・2	大問3・4	大問5・6	合計
／30	／28	／42	／100

2回目（　　／　　）

大問1・2	大問3・4	大問5・6	合計
／30	／28	／42	／100

第1問　次の事項の内容が正しい場合は○、誤っている場合は×を選びなさい。

総務省の住宅・土地統計調査（2018（平成30）年）によれば、高齢者のいる世帯の持家率は82.1％と全世帯の持家率に比べて高いが、高齢者単身世帯の持家率は、高齢者のいる世帯の持家率より低く66.2％となっている。
◎　○
◎　×

第2問　次の事項の内容が正しい場合は○、誤っている場合は×を選びなさい。

介護保険制度における住宅改修費の支給では、洋式便器などへの便器の取り替えに、「便器の位置・向きの変更」が含まれている。
◎　○
◎　×

第3問　次の事項の内容が正しい場合は○、誤っている場合は×を選びなさい。

住宅金融支援機構では、リバースモーゲージのしくみを用いた、バリアフリー改修工事などにおける「高齢者向け返済特例制度」を実施している。
◎　○
◎　×

第4問　次の事項の内容が正しい場合は○、誤っている場合は×を選びなさい。

UR賃貸住宅では、高齢者向け改良が可能な構造のUR団地の主に1階などにある住宅にバリアフリー化などの改良を行い、一定以下の所得の高齢者に家賃負担の軽減措置を行う「高齢者等向け特別設備改善住宅」を整備している。

◎　○

◎　×

第5問　次の事項の内容が正しい場合は○、誤っている場合は×を選びなさい。

総務省の住宅・土地統計調査（2018（平成30）年）による高齢者等に配慮した住宅設備では、「住宅内に手すりがある住宅」が41.8％と最も多く、「道路から玄関まで車椅子で通行可能な住宅」、「段差のない屋内となっている住宅」の順に多くなっている。

◎　○

◎　×

第6問　次の事項の内容が正しい場合は○、誤っている場合は×を選びなさい。

ICFが政策面で活用される場合は、「病気と障害の区別や関連が明確にわかる」「平等な扱い」「パティキュラー（特定の）」などが重視される。

◎　○

◎　×

第7問　次の事項の内容が正しい場合は○、誤っている場合は×を選びなさい。

高齢社会の進展に備え、2025年までに市町村のほぼ小学校区ごとに、地域包括ケアを実施する「地域包括ケアシステム」の整備が推進されている。

◎　○

◎　×

第8問　次の事項の内容が正しい場合は○、誤っている場合は×を選びなさい。

記憶のしくみには、感覚記憶、短期記憶、長期記憶、想起の4つの過程があり、これらの過程は加齢とととともに低下する。

◎　○

◎　×

第9問　次の事項の内容が正しい場合は○、誤っている場合は×を選びなさい。

脳血管障害で屋内の移動に車椅子を利用する場合、下肢の関節可動域が少なかったり、患側の下肢の筋力低下が顕著なため立位や立ち上がりに困難を生じる場合が多い。

◎　○

◎　×

第10問　次の事項の内容が正しい場合は○、誤っている場合は×を選びな
　　　　さい。

　　　　廃用症候群は、上下肢に関節拘縮をきたすと更衣動作が不自由に
　　　　なるので、衣服は前開き上衣や収縮性のある服など、デザイン性
　　　　の高い服より着やすく介助しやすいものを選ぶ。
　　　　◎　○
　　　　◎　×

第11問　次の事項の内容が正しい場合は○、誤っている場合は×を選びな
　　　　さい。

　　　　病状による骨折のうち、骨折部の皮膚に損傷のない骨折は開放骨
　　　　折である。
　　　　◎　○
　　　　◎　×

第12問　次の事項の内容が正しい場合は○、誤っている場合は×を選びな
　　　　さい。

　　　　認知症の原因疾患は100以上におよび、そのなかで脳血管性認
　　　　知症が最も多い。
　　　　◎　○
　　　　◎　×

第13問　次の事項の内容が正しい場合は○、誤っている場合は×を選びな
　　　　さい。

認知症で徘徊のある場合、外に出ないための工夫として、広い空
間を確保したうえで、玄関・門に鍵をかけるなどの対応策がある。

◎　○

◎　×

第14問　次の事項の内容が正しい場合は○、誤っている場合は×を選びな
　　　　さい。

関節リウマチは、家事や育児の役割を担う世代に多く発症するた
め、調理器具などは重さに関係なく、市販の使用しやすいものを
選ぶようにする。

◎　○

◎　×

第15問　次の事項の内容が正しい場合は○、誤っている場合は×を選びな
　　　　さい。

パーキンソン病では、日常生活上の諸動作が緩慢になるため、着
替えや食事はできるだけ手伝い、介助することが大切である。

◎　○

◎　×

第16問　次の事項の内容が正しい場合は○、誤っている場合は×を選びなさい。

糖尿病網膜症では、ガスの火が見えにくくなるため、電磁調理器に変更するなどの住環境整備を検討する。

◎　○

◎　×

第17問　次の事項の内容が正しい場合は○、誤っている場合は×を選びなさい。

心筋梗塞で行われるカテーテルを用いたバルーン療法は、ステントというコイル状の金属をバルーンにかぶせたカテーテルを冠動脈に挿入し、狭窄部でバルーンを膨らませた後に、ステントを留置してバルーンカテーテルを抜く治療法である。

◎　○

◎　×

第18問　次の事項の内容が正しい場合は○、誤っている場合は×を選びなさい。

頸髄損傷や胸髄損傷では、膀胱機能障害が起こるため、ベッドから車椅子への移乗時や便器への移乗時にからだをぶつける可能性のある箇所には、クッション材を付け、台などの隅は面取りをして丸みをもたせるようにし住環境整備に配慮する。

◎　○

◎　×

第19問　次の事項の内容が正しい場合は○、誤っている場合は×を選びなさい。

筋萎縮性側索硬化症（ALS）では進行の中期で、構音障害などによりコミュニケーションが困難になった場合は、ワープロ・パソコンや携帯用会話補助装置などを導入するとともに、操作姿勢や設置場所などを検討する。

◎　○

◎　×

第20問　次の事項の内容が正しい場合は○、誤っている場合は×を選びなさい。

両側大腿切断では、外出時や自宅で義足を装着する人が多いため、室内は義足を装着したときのADLを把握し住環境整備を行う。

◎　○

◎　×

第21問　次の事項の内容が正しい場合は○、誤っている場合は×を選びなさい。

在宅酸素療法（HOT）で使用する酸素吸入装置には、液体酸素装置と酸素濃縮装置があり、外出時は液体酸素装置の子容器や高圧酸素の携帯用ボンベが使用される。

◎　○

◎　×

第22問　次の事項の内容が正しい場合は○、誤っている場合は×を選びなさい。

糖尿病網膜症は、網膜の視細胞が障害される病気で、多くの場合、夜盲の症状が最初に現れ、進行とともに視野狭窄、視力低下や色覚障害が起こり、失明に至ることもある。

◎　○

◎　×

第23問　次の事項の内容が正しい場合は○、誤っている場合は×を選びなさい。

聴覚障害者の場合、電話のベルや玄関のチャイム、機器の作動状態を知らせるアラーム、火災警報器などは、音のかわりに光や振動で伝えるとわかりやすくなる。

◎　○

◎　×

第24問　次の事項の内容が正しい場合は○、誤っている場合は×を選びなさい。

精神障害は、外因性精神障害、内因性精神障害、心因性精神障害に分けられ、統合失調症や躁うつ病は心因性精神障害に含まれる。

◎　○

◎　×

第25問　次の事項の内容が正しい場合は○、誤っている場合は×を選びな
　　　　さい。

　　　　相談援助において、パターナリズムの関係性に強く拘束されると、
　　　　「援助する側」が「援助される側」に依存しがちになる。
　　　　◎　○
　　　　◎　×

第26問　次の事項の内容が正しい場合は○、誤っている場合は×を選びな
　　　　さい。

　　　　バーバルコミュニケーションでは、眼球の動き、まばたき、涙、
　　　　視線の方向、凝視の長さなどが重要な情報となる。
　　　　◎　○
　　　　◎　×

第27問　次の事項の内容が正しい場合は○、誤っている場合は×を選びな
　　　　さい。

　　　　作業療法士は、利用者の運動機能や精神機能などを含めた生活全
　　　　般について把握しているため、利用者は福祉用具の使用方法や住
　　　　宅改修の効果などについて助言・指導を受けることができる。
　　　　◎　○
　　　　◎　×

第28問　次の事項の内容が正しい場合は○、誤っている場合は×を選びなさい。

福祉住環境整備の相談において、本人が入院中で体調が悪く、本人から直接意見や要望を聞くことができない場合、家族からの情報をもとに相談を進める。

◎　○

◎　×

第29問　次の事項の内容が正しい場合は○、誤っている場合は×を選びなさい。

寝室で車椅子を使用する場合、1人用の寝室では6畳程度の広さがあれば足りる。

◎　○

◎　×

第30問　次の事項の内容が正しい場合は○、誤っている場合は×を選びなさい。

標準形電動車椅子では、コントロールボックスを顎や足部で操作できるように設置することができる。

◎　○

◎　×

第１問　次の文章の【 A 】および【 B 】の部分に当てはまる最も適切なものを①〜④の中から１つ選びなさい。

厚生労働省によると、要介護・要支援者のおよそ２人に１人は、何らかの介護、支援を必要とする【 A 】であるといわれ、今後も増加が見込まれている。介護保険制度では、【 A 】を対象とした【 B 】を制度化している。

		A	B
◎	①	高齢者単身世帯	サービス付き高齢者向け住宅
◎	②	認知症高齢者	ケアハウス
◎	③	高齢者単身世帯	シルバーハウジング
◎	④	認知症高齢者	認知症高齢者グループホーム

第２問　次の文章の【 A 】の部分に当てはまる最も適切なものを①〜④の中から１つ選びなさい。

2000年（平成12）年度から医療保険制度では、【 A 】の考え方に基づいたリハビリテーション総合実施計画書、リハビリテーション実施計画書を作成することが算定要件とされ、2003年（平成15）年度から介護保険制度のリハビリテーション給付においても算定要件として導入されている。

◎　①　ADL
◎　②　ICF
◎　③　ICIDH
◎　④　QOL

第3問　次の文章の【 A 】および【 B 】の部分に当てはまる最も適切なものを①～④の中から１つ選びなさい。

聴覚障害の難聴は、耳から大脳に至るまでの経路のどこかに機能低下が生じることによって起こる。その一つの【 A 】は、【 B 】の経路に障害があり、音が十分に蝸牛に伝わらないことで起こる。

	A	B
◎ ①	伝音難聴	蝸牛から大脳に至るまで
◎ ②	感音難聴	蝸牛から大脳に至るまで
◎ ③	伝音難聴	耳介から蝸牛まで
◎ ④	感音難聴	耳介から蝸牛まで

第4問　次の文章の【 A 】の部分に当てはまる最も適切なものを①～④の中から１つ選びなさい。

認知症の中核症状は、脳の神経細胞が減少して生じる症状で、記憶障害を中心に、時間や日付、場所、人物などがわからなくなる【 A 】や筋道を立てて考えたり、善悪、可否などが決められなくなる判断力の障害などがある。

◎ ①　見当識障害
◎ ②　せん妄
◎ ③　実行機能障害
◎ ④　幻覚

第5問　次の文章の【 A 】および【 B 】の部分に当てはまる最も適切なものを①～④の中から1つ選びなさい。

　福祉住環境コーディネーターは、高齢者や障害者の退院・退所時に現地調査を行う場合、病院の【 A 】と連携して調整の役割を担うことが多く、その際、介護支援専門員や、自治体などの助成や補助制度の利用予定があるときは【 B 】の相談員などに同行を依頼する。

	A	B
◎ ①	MSW	地域包括支援センター
◎ ②	ケアマネジャー	在宅介護支援センター
◎ ③	MSW	在宅介護支援センター
◎ ④	PSW	地域包括支援センター

第6問　次の文章の【 A 】の部分に当てはまる最も適切なものを①～④の中から1つ選びなさい。

　福祉住環境整備の現場確認では、整備予定の場所の採寸を行い、窓の高さを採寸したり、縦手すりを取り付ける際は、高さ関係を見るために【 A 】を作る。採寸の必要があるかないか不明な部分は、写真を撮っておくようにする。

◎ ①　断面図
◎ ②　展開図
◎ ③　立面図
◎ ④　見取図

第7問　次の文章の【 A 】および【 B 】の部分に当てはまる最も適切なものを①〜④の中から１つ選びなさい。

立位でのまたぎ越しや座位で浴槽へ出入りする場合、浴槽の底に足が届いた状態で出入りできるよう、浴槽縁高さは【 A 】に設置する。標準的な【 B 】の深さは500mm程度であり、浴槽縁高さを【 A 】にすると、洗い場と浴槽底面の高低差が低く抑えられ、浴槽の出入り動作がしやすくなる。

	A	B
◎ ①	400 〜 450mm 程度	和式浴槽
◎ ②	500 〜 550mm 程度	洋式浴槽
◎ ③	400 〜 450mm 程度	和洋折衷式浴槽
◎ ④	350mm 程度	和洋折衷式浴槽

第8問　次の文章の【 A 】の部分に当てはまる最も適切なものを①〜④の中から１つ選びなさい。

高齢者は視覚機能の低下がみられ、色彩計画は慎重に検討する。居間などでは壁面の一部やカウンター、ドア、手すりなど、小さな部分に利用者の好みの【 A 】色を使用したり、毎日使用するトイレや洗面・脱衣室などは壁面全体を【 A 】色調で仕上げるなど工夫する。

◎ ①　淡い
◎ ②　濃い
◎ ③　落ち着いた感じの
◎ ④　明るい

第9問　次の文章の【 A 】および【 B 】の部分に当てはまる最も適切
なものを①〜④の中から１つ選びなさい。

建物の図面は、描き表す内容に応じて縮尺が異なり、分母の数字
が【 A 】ほど詳細な図面になる。住宅の平面図の縮尺は、【 B 】
で描かれることが多く、できる限り推奨尺度を用いるようにする。

	A	B
◎ ①	小さい	1：50、1：100
◎ ②	大きい	1：20、1：200
◎ ③	小さい	1：20、1：200
◎ ④	大きい	1：50、1：100

第10問　次の文章の【 A 】の部分に当てはまる最も適切なものを①〜④
の中から１つ選びなさい。

高齢者や障害者が屋内を移動する際は、床面は転倒防止と、転倒
したときにけがをしないように、滑りにくく、ある程度弾力性の
ある仕上げとする。つえ歩行の場合、歩行音や衝撃音を吸収する
【 A 】のような床仕上げとする。

◎ ①　フローリング
◎ ②　タイルカーペット
◎ ③　毛足の長いじゅうたん
◎ ④　塩化ビニルシート

第11問　次の文章の【 A 】および【 B 】の部分に当てはまる最も適切なものを①〜④の中から１つ選びなさい。

【 A 】は、マットレスと身体の接触面積を増加させることで、身体の荷重を分散させて体圧を減少させる床ずれ防止用具で、体圧を分散させるため【 B 】、寝返りや起き上がりなどの動作が難しいため、利用者の自立動作を妨げないようにして使用する必要がある。

		A	B
◎	①	圧切替型マットレス	柔らかく
◎	②	静止型マットレス	硬く
◎	③	圧切替型マットレス	硬く
◎	④	静止型マットレス	柔らかく

第12問　次の文章の【 A 】の部分に当てはまる最も適切なものを①〜④の中から１つ選びなさい。

介護保険制度では保険給付の対象となる福祉用具として、貸与では13種目、販売では５種目が定められているが、【 A 】は、要支援１・２、要介護１〜３の人については原則として給付の対象となっていない。

◎ ①　体位交換器
◎ ②　自動排泄処理装置
◎ ③　認知症老人徘徊感知機器
◎ ④　特殊寝台

第13問　次の文章の【 A 】および【 B 】の部分に当てはまる最も適切
　　　　なものを①～④の中から１つ選びなさい。

【 A 】は、フレームの中に立って手のひらや前腕部で支持して操
作する福祉用具で、段差の多い住宅内では操作が難しく、【 B 】
に比べ方向転換にスペースが必要であるため、在宅では使用環境
を確認する必要がある。

	A	B
◎ ①	歩行器	つえ
◎ ②	歩行車	車椅子
◎ ③	歩行器	車椅子
◎ ④	歩行車	つえ

第14問　次の文章の【 A 】の部分に当てはまる最も適切なものを①～④
　　　　の中から１つ選びなさい。

【 A 】は、整容、更衣動作の際に使用する自助具で、長柄の先に
フックがあり、靴下など手の届きにくい衣類の脱ぎ着の補助や、
物を引き寄せたり引っかけたり、カーテンや引き戸の開閉などに
用いる。

◎ ①　ボタンエイド
◎ ②　ストッキングエイド
◎ ③　ドレッシングエイド
◎ ④　長柄ブラシ

第1問　次の①～④の記述の中で、その内容が最も適切なものを1つ選び
なさい。

◎　①　日本における高齢者の居住の安定確保のための施策は、
　　　高齢者の賃貸住宅への入居の円滑化や住み替え支援に関する
　　　ものに集約される。

◎　②　2001（平成13）年制定の「高齢者住まい法」の基本方
　　　針に基いて定められた「高齢者が居住する住宅の設計に係る
　　　指針」は、住宅性能の表示基準を示したものである。

◎　③　「シルバーハウジング」は、老人福祉法に規定される高齢
　　　者福祉施設の一つである。

◎　④　「サービス付き高齢者向け住宅」は、高齢者への安全対応
　　　としてバリアフリー構造などを有し、サービス面では少なく
　　　ともケアの専門家による状況把握（安否確認）、生活相談サー
　　　ビスが付いている、賃貸あるいは利用権方式の住宅である。

第4回　模擬試験

問題

第2問　次の①〜④の記述の中で、その内容が最も不適切なものを1つ選びなさい。

◎ ①　「ケアハウス」は、家庭での生活が困難な高齢者向けの老人福祉施設として、1989年策定の「高齢者保健福祉推進十か年戦略（ゴールドプラン）」で創設された軽費老人ホームの一形態である。

◎ ②　2010（平成22）年に、都市部における主として要介護度の低い低所得高齢者を対象としたケアハウスの一形態として、「都市型軽費老人ホーム」が創設された。

◎ ③「有料老人ホーム」は一人以上の高齢者を入居させ、「入浴・排泄または食事の介護」「食事の提供」「洗濯・掃除等の家事」「健康管理」のうち、2つ以上のサービスを提供する高齢者施設である。

◎ ④　認知症高齢者グループホームは、認知症高齢者5〜9人を一つのユニット（生活単位）とした共同住居の形態であり、入居者は小規模で家庭的な暮らしのなかで、入浴・排泄・食事などの日常生活のケアや機能訓練を受けながら生活する。

次のア～エの記述について、適切なものを○、不適切なものを×
としたとき、正しい組み合わせを①～④から1つ選びなさい。

ア　住宅行政による障害者向け住宅政策の取り組みは、1967（昭
和42）年の「身体障害者向け特定目的公営住宅」の供給に始
まる。

イ　2007（平成19）年制定・施行の「高齢者住まい法」は2017
（平成29）年に改正され、その施行により、国や地方公共団体
が改修費や家賃などを補助する、障害者を含む住宅確保要配慮
者向けの賃貸住宅の登録制度が始まった。

ウ　障害者総合支援法に基づく障害者への住宅供給には、「グルー
プホーム（共同生活援助）」「サテライト型住居」「福祉ホーム」
「シルバーハウジング」がある。

エ　障害者総合支援法に基づく「グループホーム（共同生活援助）」
におけるサービス提供の形態には、「介護サービス包括型」「日
中サービス支援型」「外部サービス利用型」がある。

◎　①　ア○　イ○　ウ×　エ×
◎　②　ア×　イ○　ウ○　エ×
◎　③　ア×　イ×　ウ○　エ○
◎　④　ア○　イ×　ウ×　エ○

第4回　模擬試験

問題

第4問　次の①〜④の記述の中で、その内容が最も適切なものを1つ選び
　　　　なさい。

◎ ①　先天的障害とは、生まれる以前の胎児の段階および周産
　　　　期に生じる障害のことで、原因は明白には特定できない。

◎ ②　後天的障害とは、生まれた時点で何らかの疾患があり、
　　　　その疾患による障害が成長発達段階で現れたものである。

◎ ③　重度の知的発達障害や運動発達障害のため、家庭や施設
　　　　といった限られた環境での生活が続くと、社会参加の機会を
　　　　逃すおそれがある。

◎ ④　単一の原因疾患で複数の障害が生じることは稀だが、関
　　　　節リウマチ・うつ病・認知症などでは、日内変動や季節変動
　　　　の影響により、情動や症状に変化が生じることがある。

第5問　次のア〜エの記述について、適切なものを○、不適切なものを×
としたとき、正しい組み合わせを①〜④から1つ選びなさい。

ア　高次脳機能障害は、脳血管障害や交通事故などにより脳の一
　　部が損傷され、注意・言語・記憶・思考・認知などの複雑な精
　　神活動（高次脳機能）が障害された状態をいう。
イ　高次脳機能障害の症状は、外見からは見えにくいが、本人自
　　身は障害があると認識していることが多い。
ウ　社会性やコミュニケーションの能力などに障害がみられる自
　　閉症は、脳機能の障害で起こる発達障害の一つである。
エ　学習障害は、一定の時間じっとしていることができず、突発
　　的な行動を起こしがちで、集中力が持続できないため、学習す
　　るのが困難な状態のことである。
◎　①　ア○　イ○　ウ×　エ×
◎　②　ア○　イ×　ウ○　エ×
◎　③　ア×　イ×　ウ○　エ○
◎　④　ア○　イ×　ウ×　エ○

第6問　次の①～④の記述の中で、その内容が最も不適切なものを１つ選びなさい。

　　◎　①　　知的障害とは、知的機能の障害が概ね18歳までの発達期に現れ、日常生活の中でさまざまな支障が生じている状態をさす。

　　◎　②　　知的障害のある人は、玄関とドアの壁のすきまや戸袋に指を入れて遊ぶことがあるので、ドアストッパーなどで指を挟まないようにし、電気コンセントにコンセントカバーを取り付けるなどの対応が必要になることもある。

　　◎　③　　精神障害はその病因により、身体の疾患がもととなって脳の機能が障害される「外因性精神障害」、遺伝因子の関与が疑われる「内因性精神障害」、心理的なストレスが原因で起こる「心因性精神障害」の３つに大別される。

　　◎　④　　身体障害者や高齢者と比較すると、精神障害者には特定目的の福祉住環境整備が必要となるケースが多い。

第7問　次のア〜エの記述について、適切なものを○、不適切なものを×
　　　　としたとき、正しい組み合わせを①〜④から１つ選びなさい。

　　ア　「相談援助」とは、主に面接により、社会資源を活用しなが
　　　　ら相談者の抱える課題に対応することで、課題解決の手助けを
　　　　図ることである。
　　イ　対象者（相談者）を類型化することなく、個人としてとらえ
　　　　る「個別化の原則」は相談援助の基本原則であり、個別化の内
　　　　容として、対象者の「できないこと」に目を向けることが最も
　　　　重要である。
　　ウ　相談援助の実践では、ニーズや課題を抱えた対象者本人が、
　　　　信頼関係に裏打ちされた援助者とのやりとりを通して決定を下
　　　　し、自分で解決していけるように援助することがきわめて重要
　　　　である。
　　エ　援助者が熱心さや親切さをもって対象者に接すれば、信頼関
　　　　係に基づく援助関係を結ぶことはたやすい。
　　◎　①　ア○　イ×　ウ×　エ○
　　◎　②　ア○　イ×　ウ○　エ×
　　◎　③　ア×　イ○　ウ×　エ○
　　◎　④　ア×　イ○　ウ○　エ×

第8問　次の①〜④の記述の中で、その内容が最も不適切なものを1つ選びなさい。

◎　①　守秘義務とは、業務上知り得た情報をほかに漏らさないという専門職に求められる業務上の義務であり、対人援助の観点からは「秘密保持の原則」とも呼ばれる。

◎　②　他の関係者との連携が求められる福祉住環境コーディネーターには、「秘密保持の原則」は適用されない。

◎　③　社会環境のなかで対象者を「面」や「システム」としてとらえることは、相談援助で欠かせない基本的な視点の一つである。

◎　④　住環境の変化は、対象者の人間関係や社会環境に大きな影響を与える。

第9問　次のア〜エの記述について、適切なものを○、不適切なものを×
　　　　としたとき、正しい組み合わせを①〜④から１つ選びなさい。

　　　ア　対象者に対して、福祉住環境コーディネーターには「説明と
　　　　　同意（インフォームド・コンセント）」の遵守が求められる。
　　　イ　アドボカシーとは、対象者の同意を得て支援内容を決定して
　　　　　いくことである。
　　　ウ　相談面接では、相談者との適切な距離と対面する角度を確保
　　　　　することが大切であり、相談者を下から仰ぐような目線で話を
　　　　　することが求められる。
　　　エ　感染症の大規模流行化においては、リモートを併用して情報
　　　　　収集や相談に当たることも重要である。
　　◎　①　ア○　イ×　ウ○　エ×
　　◎　②　ア×　イ○　ウ○　エ×
　　◎　③　ア○　イ×　ウ×　エ○
　　◎　④　ア×　イ○　ウ×　エ○

第10問　次の①～④の記述の中で、その内容が最も不適切なものを1つ選びなさい。

◎ ①　トイレの環境整備は、住宅生活を円滑におくるために重要な意味をもつ。

◎ ②　トイレでの介助が必要な場合、介助者は前傾姿勢をとるときに臀部が突出するので、便器側方や前方に500mm以上の介助スペースを確保する。

◎ ③　車椅子を使ってトイレを利用するとき、便器へのアプローチ方向で最も多いのは前方アプローチである。

◎ ④　トイレでの立ち座り用の縦手すりは、便器の先端より250～300mm程度前方の側面に設置し、上端は肩の高さより100mm程度上方まで、下端は座位保持用の横手すりの高さまでとし、長さは800mm程度を目安とする。

第11問　次のア〜エの記述について、適切なものを○、不適切なものを×
　　　　としたとき、正しい組み合わせを①〜④から1つ選びなさい。

　　　ア　建築図面における基本設計図は、建築主の要望を具体化する
　　　　　ために、設計者が計画方針や改修方針に基づく建築的な内容を
　　　　　一つにまとめて図面化したものである。
　　　イ　建築図面における実施設計図は、基本設計では十分に煮詰め
　　　　　られていなかった細部まで決定したうえで作図される、工事用
　　　　　の図面である。
　　　ウ　建築図面で用いられる線は、線種が「実線」「破線」「一点鎖
　　　　　線」の3種類、線の太さが「太い」「細い」の2種類で、適宜
　　　　　使い分けて描かれる。
　　　エ　平面図で用いられる表示記号には、開口部や床面を表す表面
　　　　　表示、材料構造（材料の断面）などがあり、基本的にIECの規
　　　　　格が用いられている。
　　　◎　①　ア○　イ○　ウ×　エ×
　　　◎　②　ア×　イ○　ウ×　エ○
　　　◎　③　ア×　イ×　ウ○　エ○
　　　◎　④　ア○　イ×　ウ○　エ×

第12問　次の①〜④の記述の中で、その内容が最も適切なものを1つ選び
なさい。

◎　①　義肢は、四肢を欠損した場合に装着する義手や義足のこ
とで、制度上は補助具ともいう。

◎　②　能動義手は、「物をつかむ・離す」などの日常生活での動
作性を目的とする義手である。

◎　③　健側下肢で片足立ちができなくても、義足を装着したほ
うがよい。

◎　④　装具は、四肢または体幹の機能が障害を受けた場合に、
一時的な固定や保持などのために用いられる器具である。

第13問　次の事例を読んで、①〜④の中で最も適切なものを１つ選びなさい。

Dさんは70歳男性で、転倒による大腿部左頸部骨折で１年前に手術を受けた。術後の経過はリハビリテーションを含めて順調で、現在も歩行に問題はないが、それでも左足に若干の違和感があり、妻を亡くし一人暮らしであることもあって、安全を期して浴槽を変えることにした。Dさんはユニットバスを交換して手すりを設置し、据え置き型よりも出入りの楽な半埋め込み型での設置を希望している。このような手すりを含めた浴槽の整備で、次ページの図①〜④のうち最も適切なものはどれか。

◎　①
◎　②
◎　③
◎　④

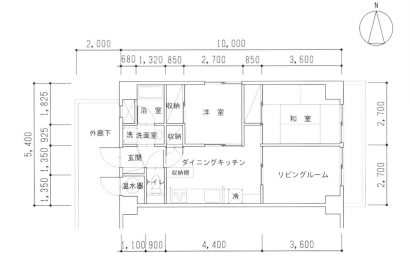

①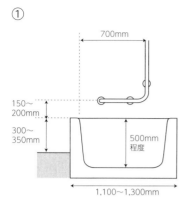

②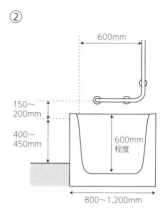

③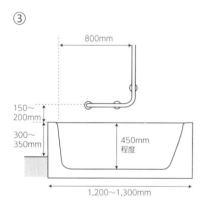

④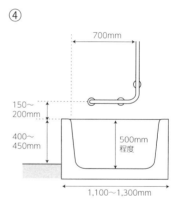

第14問　次の事例を読んで、①～④の中で最も適切なものを１つ選びなさい。

Hさんは、76歳女性。大腿骨骨折をしたことがあり完治はしたものの、下肢機能が低下している。つえを使っての自立歩行は可能である。Hさんは骨や筋肉の衰えを防ぐため、できるだけ屋外へも出かけ、歩き回りたいと思っている。階段昇降はできるが、玄関ポーチと地面との間の段差をもっと減らし、楽に昇降できるようにしたい。玄関の上がりがまちや、階段１段分の高さ（蹴上げ）を120mm以下になるように、玄関回りと階段を改修したいと考えた。その改修案として、次ページの図①～④のうち最も適切なものはどれか。

◎　　①
◎　　②
◎　　③
◎　　④

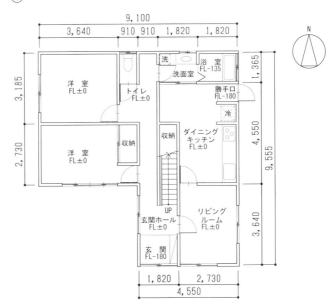

①

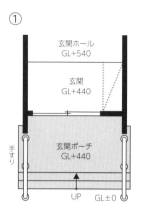

玄関ホール
GL+540

玄関
GL+440

玄関ポーチ
GL+440

手すり

UP　　GL±0

②

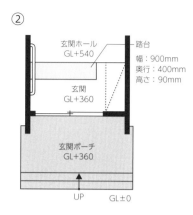

玄関ホール
GL+540

踏台
幅：900mm
奥行：400mm
高さ：90mm

玄関
GL+360

玄関ポーチ
GL+360

UP　　GL±0

③

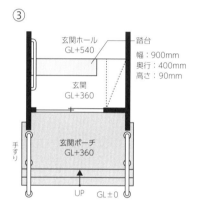

玄関ホール
GL+540

踏台
幅：900mm
奥行：400mm
高さ：90mm

玄関
GL+360

玄関ポーチ
GL+360

手すり

UP　　GL±0

④

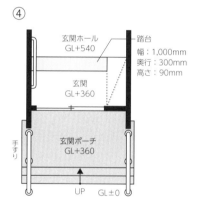

玄関ホール
GL+540

踏台
幅：1,000mm
奥行：300mm
高さ：90mm

玄関
GL+360

玄関ポーチ
GL+360

手すり

UP　　GL±0

第1回
〜
第4回

解答・解説

第1回模擬試験　解答・解説

二択問題

第1問　【正答】　×
　世帯数のうち65歳以上の高齢者世帯の割合は年々増加し、**65歳以上の単身世帯の割合は2040（令和22）年**には**40%**になると推計されている。（テキスト第1章p.3）

第2問　【正答】　×
　20歳以上を対象にした「**介護を受けたい場所**」に関する世論調査（内閣府、2010（平成22）年）では、「**自宅**」と回答した人が最も多く（全体の37.3%）、住み慣れた「**自宅**」で生活を継続したいという意向を示す人が多い。（テキスト第1章p.4～5）

第3問　【正答】　×
　日本の住宅は、**高温多湿な夏**に合わせて造られているので、冬の寒さには向いていない。冬は断熱性に欠けているため室内での温度差が大きく、**循環器系**に疾患のある高齢者には不向きな環境となる。（テキスト第1章p.7）

第4問　【正答】　○
　不慮の事故は、高齢者に限ると、交通事故より**家庭内事故**の発生率が高く、事故の内容は、入浴中の「**溺死・溺水**」が最も多く42.5%に及ぶ。次いで「その他の不慮の窒息」、階段などからの「転倒・転落」が多くなっている。（テキスト第1章p.8）

第5問　【正答】　×
　介護保険制度の介護サービスには介護給付と予防給付があり、それぞれ**都道府県・政令市・中核市**が指定・監督を行う**居宅・施設サービス**と**市町村**が指定・監督を行う**地域密着型介護サービス等**がある。（テキスト第1章p.17）

第6問 【正答】 ×

　「**サービス付き高齢者向け住宅**」は、高齢者単身・夫婦世帯が**賃貸借**方式や**利用権**方式により入居できる**民間運営**の住宅であり、設問は、**公的運営**による住宅で「**シルバーハウジング**」のことである。（テキスト第1章p.49 ～ 50）

第7問 【正答】 ○

　福祉住環境コーディネーターの専門職の条件として、「相談の開始で始まり、終了をもって終わる」という**相談者との契約関係**を踏まえておく必要がある。（テキスト第2章p.83）

第8問 【正答】 ×

　ICFでは、背景因子として「個人因子」に加え、新たに「環境因子」が位置づけられた。「**環境因子**」には、住宅や機器、自然環境、家族、価値観などの個人的な環境、サービス、制度など**すべての環境**が含まれる。（テキスト第2章p.90、91）

第9問 【正答】 ×

　地域包括ケアシステムは、高齢者や障害者、子どもを含む**地域のすべての住民**が対象の仕組みであり、それにより地域共生社会の実現をめざすものとしている。（テキスト第2章p.101）

第10問 【正答】 ○

　障害者は、**心身機能の変化**に伴い**活動・参加の能力**も**変化**するため、それらの変化に合わせた柔軟な自立支援の対応が必要となる。（テキスト第2章p.115）

第11問 【正答】 ×

　福祉住環境整備は、単に機能性やコスト面から判断して整備を行うのでなく、**利用者の考え方や生活習慣、価値観**をよく理解し、「**その人らしい暮らし**」を回復し実現・維持していく必要がある。（テキスト第2章p.118）

第12問 【正答】 ○

　高齢者の要介護の原因としては、「**認知症**」が18.1％と最も多く、続いて「脳

血管疾患」「高齢による衰弱」「骨折・転倒」「関節疾患」「心疾患」の順となっている。(テキスト第3章p.124)

第13問　【正答】　×
　脳血管障害は「**脳梗塞**」が最も多く、全体の70〜80％を占める。「脳梗塞」は脳内の血管が詰まることによって生じ、他に脳内の血管が破れる「**クモ膜下出血**」「**脳出血**」がある。(テキスト第3章p.125)

第14問　【正答】　○
　廃用症候群では、ベッド上で臥床状態になっていても、**耳や目からさまざまな刺激**が入るようにし、新たな趣味や楽しみを見いだしたり、友人・知人を家に招くなど、孤立や孤独を防ぎ**社会とのつながり**を保つ住環境整備が大切である。(テキスト第3章p.131)

第15問　【正答】　×
　高齢者の骨折では、**転倒予防**が重要であり、和式生活による床からの立ち座り動作は転倒や安全面に問題があるため、**ベッドの生活**が望ましい。人工骨頭置換術の場合、畳から立ち上がる際に脱臼しやすい肢位になるため、退院時はベッドを導入するとよい。(テキスト第3章p.133)

第16問　【正答】　×
　認知症の初期には、買い物や調理、掃除、洗濯、金銭管理などの**IADL**が困難になり、症状が進行すると生活上の支障は**ADL**にまで拡大していく。精神症状や行動障害を伴う場合は、さらに生活上の不便さが増す。(テキスト第3章p.137)

第17問　【正答】　×
　関節リウマチの多くは、初期に症状が急速に進行し、その後も**徐々に進行する**。進行に伴い**関節可動域が制限**されるため、痛みや関節の変形、筋力の低下などさまざまな生活上の不便さが生じる。(テキスト第3章p.144)

第18問　【正答】　×
　パーキンソン病で、**すくみ足**の症状が出ている場合は、足の振り出しを促

すため、廊下や部屋の出入り口などの床に**目印**を付けたり、**介助バー付きのつえ**にしたり、対策を工夫する。振戦は、上肢や下肢に生じる不随意に震える症状のことである。（テキスト第3章p.150）

第19問　【正答】　○

　糖尿病は**1型**と**2型**があり、1型は、膵臓の細胞の破壊・消失によってインスリンがほとんど分泌されなくなり、血糖値を下げるためにインスリンの注射が必要になる。2型は、生活習慣や遺伝的な影響により、インスリンの分泌量やインスリンの効き具合の低下により起こり、食事療法・運動療法、薬、インスリン注射が治療に用いられる。（テキスト第3章p.151）

第20問　【正答】　×

　心筋梗塞では、激しい運動などで心臓に負担をかけすぎないよう注意が必要だが、極度に運動を避け、安静を保つことで心臓の働きが悪化してしまう可能性がある。**心肺運動負荷試験**（**CPX**）などで**適度な運動強化**を設定して生活することが大切である。（テキスト第3章p.154）

第21問　【正答】　×

　脊髄損傷は、損傷された髄節から下の支配領域に障害が起こる。**胸髄損傷**は、体幹と両側下肢が損傷されて、両下肢麻痺になる。設問のADLが全介助となるのは、**頸髄損傷**のことである。（テキスト第3章p.160）

第22問　【正答】　○

　経皮的酸素飽和度（**SpO$_2$**）は、血液にどの程度酸素が含まれているか示したもので、前かがみになる洗面や和式便器での排便のときも**低下**をきたしやすい。入浴のときは、必要に応じて介助し、不安が強いときはシャワー浴や半身浴にする。（テキスト第3章p.176）

第23問　【正答】　×

　視覚障害の順応障害には**暗順応**と**明順応**があり、建物の出入り口は屋外の明るさに合わせて**明るく**し、建物の中に入るにつれて**徐々に暗く**するように住環境整備を行う。（テキスト第3章p.185）

第24問　【正答】　×
　　加齢性難聴は、**高い音域**の聴力から徐々に低下し、音より**言葉が聞き取り
にくくなる**ため、話している内容が正確に聞き取れない、別の言葉と聞き間
違えるなどの不便が生じる。（テキスト第3章p.189）

第25問　【正答】　×
　　高次脳機能障害の場合、本人の障害に対する**認識が低く**、慣れた場所や決
まったことをする際は生活の困難は生じにくいが、新しい環境には適応しに
くい。そのため、家族の精神的な介護負担も大きく、家族へのサポートも必
要になってくる。（テキスト第3章p.194～195）

第26問　【正答】　○
　　相談援助では、本人が意識している「ニーズ」を聞き出すのではなく、本人
が意識していない「**ニーズ**」**に気づき**明確にできるよう、「**ニーズを引き出す**」
ことが重要である。（テキスト第4章p.218～219）

第27問　【正答】　×
　　義肢装具士は、医師の指示の下に、義肢・装具の装着部位の採型、製作、
体への適合を行う国家資格である。設問の内容は、**リハビリテーション工学
技師**のことで、リハビリテーション工学の分野において、さまざまな福祉用
具の開発や作製を行い、国家資格ではない。（テキスト第4章p.228～229）

第28問　【正答】　○
　　福祉住環境整備の**現地調査**では、直接関係のない事項でも話を進めていく
中で重要事項であったり、別の訴えが出てきたりすることも多い。そのため、
原則、相談の内容は、チェックシートにない事項も**記録**にとどめておく。（テ
キスト第4章p.238）

第29問　【正答】　×
　　屋内外に**スロープ**を設置する場合、**勾配**は**1/12～1/15**程度を目安とする。
将来、車椅子の使用が予想される場合は、スロープを設置するスペースを予
め確保しておくことも検討する。（テキスト第5章p.250）

第30問　【正答】　○

　　プラットホームクラッチ（肘支持型杖）は、前腕支持部に腕を乗せて体重を支えるつえで、**関節リウマチ**などの場合に使用される。やや重く、肩関節などへの負担があるため実用する際は検討が必要。（テキスト第6章p. 379）

空間補充問題

第1問　【正答】　④

　　介護保険制度の介護サービスでは、要支援者を対象とした**予防給付**を提供している。**予防給付**では、市町村が指定・監督を行う**地域密着型介護予防サービス**を利用することができる。（テキスト第1章p.17）

第2問　【正答】　③

　　加齢に伴い、もの忘れといった形で記憶障害を生じるが、知能が関与した記憶とともに言語や行為、遂行能力といった**高次な脳機能が障害**された状態を**認知症**という。（テキスト第2章p.110）

第3問　【正答】　①

　　切断には上肢切断と下肢切断があり、片側大腿切断・膝関節離断の場合、**吸着式ソケットやライナーを使用したソケット**の付いた**大腿義足**が利用されることが多い。（テキスト第3章p.170）

図1●下肢切断と義足

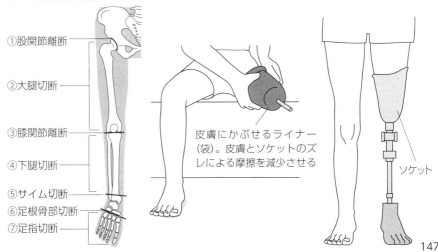

①股関節離断
②大腿切断
③膝関節離断
④下腿切断
⑤サイム切断
⑥足根骨部切断
⑦足指切断

皮膚にかぶせるライナー（袋）。皮膚とソケットのズレによる摩擦を減少させる

ソケット

第4問 【正答】 ④

　脳性麻痺のリハビリテーションでは能力に応じて、**首のすわり、寝返り、在位の保持、手膝這い保持・手膝這い移動、立位保持と起立**、といった段階的な訓練を順次進めていく。（テキスト第3章p.168）

第5問 【正答】 ②

　地域包括支援センターには、保健師、社会福祉士などの専門職とともに、一定以上の実務経験を有する**主任介護支援専門員**が配置され、介護支援専門員とかかりつけ医の連携支援や支援困難事例の対応などを行っている。（テキスト第4章p.227）

第6問 【正答】 ③

　対人援助では、利用者がなぜそのように考えたり、感じたり、行動するのか、本人の存在そのものを価値あるものとして認め、**本人の側に立って理解**して、**受容**することが基本原則となる。（テキスト第4章p.216）

第7問 【正答】 ②

　日本の木造住宅は尺貫法を基本として、廊下、階段、トイレなどの幅員は柱芯—芯の**3尺で設計**されるが、実際に空間として利用できる廊下などの**有効寸法**は最大で**780mm**となるため、介助が必要な場合や車椅子を使用する場合は幅が狭く適していない。（テキスト第5章p.261）

図2●標準モジュール
日本の住宅は910mm（3尺）を基準寸法（モジュール）として、トイレや階段などの幅が決められている

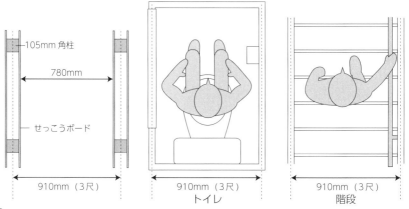

105mm 角柱		
780mm		
せっこうボード		
910mm（3尺）	910mm（3尺） トイレ	910mm（3尺） 階段

第8問 【正答】 ④

　車椅子対応の洗面カウンターは、一般に **720mm ～ 760mm** 程度の高さに取り付け、洗面カウンター下の排水管は **壁排水** するか、床排水の場合は **左右の壁面に寄せて設置** する。(テキスト第5章p.316)

第9問 【正答】 ①

　床暖房は居間や台所、食堂、寝室などに用いられる **輻射暖房** の一つで、電動車椅子使用者が **床パネル方式** の床暖房を使用する場合は、重量が重いため床暖房の **耐久性** などを確認する。(テキスト第5章p.269 ～ 270)

第10問 【正答】 ③

　階段は、勾配が緩やかなほうが昇降しやすく、**踊り場付き階段** は高齢者や障害者にとって **もっとも安全** で、転落時は階下まで落下しないため、大けがをする危険性が低い。従来の回り階段は、回り部分が30度6つ割りで体の方向転換がしにくく転落の危険性が高い。吹き寄せ階段は、4つ割りで60度の平坦部分は広く移動しやすいが30度の部分は狭く昇降しにくい。直線階段は勾配が急になりやすく昇降しにくくなる。(テキスト第5章p.293 ～ 294)

第11問 【正答】 ④

　介護保険では、福祉用具貸与・販売事業所に対し、**福祉用具サービス計画** の作成、利用者および **介護支援専門員** への交付が義務づけられている。**福祉用具サービス計画** には、利用目標、具体的なサービス内容、選定理由、関係者間で共有すべき情報などを記載する。(テキスト第6章p.364 ～ 365)

第12問 【正答】 ③

　床走行式リフトは、ベッドのある部屋の中で使用されることが多く、**懸吊式の床走行式リフト** は、ベッドの下に **架台が入らないと使用できない** ため、ベッド下のスペースや使わないときの収納場所など使用する環境を確認する必要がある。(テキスト第6章p.391)

第13問 【正答】 ③

　言語障害者のためのコミュニケーション用具として、重度の両上下肢障害のある場合、**重度障害者用意思伝達装置** が使用される。聴覚障害者で **軽度の**

難聴者の場合、補聴器のほかに**伝声管**や**集音器**なども利用される。（テキスト第6章p.405～406）

第14問 【正答】 ①

体位変換器は、体位の変換、保持、移動を容易に行うための用具であり、また（他方）、**スライディングボード**は、特殊寝台と車椅子やポータブルトイレ間の移乗時に使用される用具である。車椅子への移乗時に**スライディングボード**を使用する場合は、アームサポートを着脱できるようにすると使用しやすい。（テキスト第6章p.375～376）

四択問題

第1問 【正答】 ③

① 不適切。民間介護保険制度ではなく「**公的介護保険制度**」の創設。（テキスト第1章p.12～13）
② 不適切。**介護保険の加入者（被保険者）は40歳以上のすべての国民**で、65歳以上が第1号被保険者、**40歳以上65歳未満の医療保険加入者が第2号被保険者**となる。（テキスト第1章p.15～16）
③ 適切。2011（平成23）年の介護保険法改正で、高齢者が可能な限り、住み慣れた地域で自立した生活を営めるように、医療、介護、予防、住まい、生活支援サービスを切れ目なく提供する**地域包括ケアシステム構築**の推進が、国と地方公共団体の責務として条文（第5条第3項）に明記された。（テキスト第1章p.24～25）
④ 不適切。VISITではなくLIFE。**LIFE（科学的介護情報システム）**は、介護施設・事業所で行っているケアの計画・内容や介護サービス利用者の状態などを一定の様式で入力すると、インターネットを通じて厚生労働省へ送信され、入力内容が分析されて当該施設等にフィードバックされる情報システムのこと。リハビリテーションの情報収集システムである**VISIT**（2017〈平成29〉年度運用開始）**と、**高齢者の状態やケアの内容等の情報収集システムである**CHASE（2020〈令和2〉年度運用開始）**を統合して、LIFEが**2021年度から運用が開始**された。（テキスト第1章p.31）

第2問 【正答】 ③（ア・エ）

ア　適切。国際障害分類（ICIDH；International Classification of Impairments, Disabilities and Handicaps）は、世界共通の指標として、国際機関が初めて障害を分類したもの。（テキスト第2章p.89）

イ　不適切。「能力障害」と「機能・形態障害」の起こる順番が逆。**「機能・形態障害」**は、**疾病または変調から直接引き起こされる**医学的異変。一方**「能力障害」**は、**機能・形態障害の結果として起こる**もので、個人のレベルでとらえた障害のこと。**ICIDH**に対しては「ある病気（疾病または変調）があれば必ず機能・形態障害が起こり、次に能力障害が起こり、社会的不利が生じるという**運命論**だ」とする批判がなされていた。（テキスト第2章p.89）

ウ　不適切。**WHOは国際生活機能分類（ICF；**International Classification of Functioning, Disability and Health）を**2001（平成13）年に承認・出版した**。（テキスト第2章p.89）

エ　適切。ICFは、障害を環境との関係でとらえるとともに、障害を生活機能のなかに位置づけて考察し、生活機能上のマイナス面のみでなく、プラス面を重視した。一方向のICIDHが医学モデルであるのに対して、生活機能と健康状態、背景因子とがそれぞれ双方向の関係概念として整理されたICFは医学モデルと社会モデルの統合ともいえる。（テキスト第2章p.90～91）

第3問　【正答】　①

①　適切。2020（令和2）年度の「高齢者の生活と意識に関する国際比較調査」によると、60歳以上の人の59.2%が、「ほぼ毎日」から「月1回くらい」医療サービスを受けている（テキスト第3章p.124）

②　不適切。厚生労働省による**2020（令和2）年**の**「人口動態統計」**によると、**高齢者の死亡原因の第1位は悪性新生物（がん）**で26.7%、**第2位は心疾患**（高血圧性を除く）で15.3%、**第3位は老衰**で10.6%。**脳血管疾患（障害）**は**第4位**で7.5%。（テキスト第3章p.124）

③　不適切。内閣府による**2021（令和3）年**の**「高齢社会白書」**によると、**高齢者の要介護の原因の第1位は認知症**で18.1%、**第2位は脳血管疾患（障害）**で15.0%。**高齢による衰弱は第3位**で13.3%。以下、**第4位の骨折・転倒**（13.0%）、**第5位の関節疾患**（11.0%）、**第6位の心疾患**（4.7%）と続く。（テキスト第3章p.124）

④　不適切。高齢者のうち、**80%以上は元気高齢者**であり、**約10%は虚弱高**

齢者である。（テキスト第3章p.124）

第4問 【正答】 ④ （ア・ウ）

ア　適切。記憶障害があっても社会生活に支障がなく、認知症の定義に当てはまる段階ではない状態は、軽度認知障害（MCI；Mild Cognitive Impairment）と呼ばれる。（テキスト第3章p.134）

イ　不適切。厚生労働省が算出した**2012（平成24）年**の「**認知症高齢者数について**」によると、**2010（平成22）年9月の要介護（要支援）認定者数498万人のうち、280万人が日常生活自立度Ⅱ以上の認知症高齢者**とみられる。認知症高齢者の日常生活自立度は数字が増えるほど自立度が低くなり、Ⅰは「何らかの認知症を有するが、日常生活は家庭内及び社会的にほぼ自立している」状態、Ⅱは「日常生活に支障を来すような症状・行動や意志疎通に困難さが多少見られても、誰かが注意していれば自立できる」状態である。（テキスト第3章p.134）

ウ　適切。「認知症有病率等調査について」は、2013（平成25）年に報告された厚生労働科学研究『都市部における認知症有病率と認知症の生活機能障害への対応』の調査結果を抜粋したもの。なお、2010（平成22）年における65歳以上の高齢者のMCI有病率は13％と推計され、MCI有病者数は約380万人と算出されている。（テキスト第3章p.134）

エ　不適切。**認知症の原因疾患**は、その**約2/3がアルツハイマー型認知症（アルツハイマー病）**であり、以下、**約20％を占める脳血管性認知症**、レビー小体型認知症（レビー小体病）と続いている。（テキスト第3章p.134）

第5問 【正答】 ② （ア・ウ）

ア　適切。廃用症候群は、「身体の不活動状態により生ずる二次的障害」として体系化された概念で、不動（immobilization）、低運動（inactivity）、臥床（bedrest）に起因する全身の諸症状を総称したもの。寝たきり状態により生じる関節の拘縮、褥瘡、下肢の静脈血栓症、排尿障害などがその代表例。（テキスト第3章p.129）

イ　不適切。**胸腹部内臓器にも廃用症候群は生じる**。安静状態を保って（不動で）いると、**心臓の機能が低下して起立時の頻脈や起立性低血圧を生じやす**くなる。また、**肺や消化器も機能が低下して息切れ、食欲不振、便秘など**を生じやすくなる。さらに、過度の安静で生じた**下肢の深部静脈血栓症**か

ら肺塞栓を引き起こし、**死に至る**ことや、脳への刺激が少なくなり、**精神活動性の低下やうつ傾向**を示すこともある。（テキスト第3章p.129）

ウ　適切。活動的な日常生活の繰り返しは、関節可動域の維持や改善、筋肉の維持や増強に有用で、心肺機能の改善や骨粗鬆症の予防にも役立つ。（テキスト第3章p.130）

エ　不適切。患者本人の**心身機能のわずかな変化にも対応できる**ように住環境を調整することが大切で、**本人の居室は、家庭内での孤立や社会的孤立を深めない**ように、家族の集まりやすい**リビングの近くにする**必要がある。（テキスト第3章p.131）

第6問　【正答】　②

①　不適切。人は、**1日あたり15kg前後の空気を毎日吸い込んでいる**。（テキスト第3章p.156）

②　適切。「シックハウス症候群」には中毒やアレルギーが含まれ、神経系を中心にした過敏反応である化学物質過敏症に影響する。（テキスト第3章p.156）

③　不適切。**室内の空気汚染物質の発生源は建物（建材）だけでなく**、家具やシステムキッチン、家電製品、カーテン、衣類の防虫剤、殺虫剤、たばこの煙など、**無数にある**。（テキスト第3章p.156～157）

④　不適切。シックハウス症候群を避けるためにも、住宅は新築直後に入居するのではなく、「**数か月の換気**」**という養生期間を過ぎてからの入居**が望ましい。また、居住しながら改築・改装を行う際は十分な換気環境が必要であり、気温の上昇で室内空気汚染が進む夏季には特に十分な換気が望まれる。（テキスト第3章p.157）

第7問　【正答】　①

①　適切。福祉住環境整備では、かかりつけ医との連携が不可欠である。（テキスト第4章p.224）

②　不適切。**看護師は**「**保健師助産師看護師法**」**で規定され、医師の指示の下に**、病院や施設などの医療や保健福祉の現場で、診療や治療の補助、療養生活をおくっている人への看護（療養上の世話）を行う。また、かかりつけ医とともに利用者の健康管理や衛生管理などを行い、医療に関する相談や心のケアを通じて、在宅生活継続への支援も行っている。（テキスト第4章

153

p.225）

③　不適切。介護の状態が軽度である**要支援者**や、介護予防に向けての支援が必要な人を把握する「**基本チェックリスト**」の該当者へのケアマネジメントは、原則的に**地域包括支援センターの保健師等が担当**する。（テキスト第4章p.209、p.225）

④　不適切。**理学療法士**（**PT**；Physical Therapist）は、医師の指示の下に、身体に障害がある人に対して、主としてその**基本動作能力の回復を図る**ため、筋力の増強などの**運動療法**やマッサージ、温熱、電気などの**物理療法**を行う。設問の内容に該当するのは、**作業療法士**（**OT**；Occupational Therapist）。（テキスト第4章p.225〜226）

第8問　【正答】　②（イ・ウ）

ア　不適切。**言語聴覚士**（**ST**；Speech-Language-Hearing Therapist）は、**医療機関、保健・福祉機関、教育機関**など**幅広い領域で活動**している。STは、言語障害（失語症、構音障害、高次脳機能障害）や聴覚障害、言葉の発達の遅れ、声や発音の障害といった「言葉によるコミュニケーション」の問題に対応し、医師や歯科医師の指示の下で、嚥下訓練や人工内耳の調整なども行う。（テキスト第4章p.226）

イ　適切。介護支援専門員（ケアマネジャー）は、要介護者の在宅生活をマネジメントするかめの職種であり、福祉住環境整備においても介護者や要介護者と密接に連絡を取り合い、改善計画や目標等の相談やケアプラン作成時での関係者の連携に重要な役割をする。なお2006（平成18）年度に新設された、一定以上の実務経験を有する主任介護支援専門員（地域包括支援センターに配置されるほか、現在は居宅介護支援事業所の管理者もこの資格が必要）にも、5年ごとの資格更新制が導入されている。（テキスト第4章p.227）

ウ　適切。社会福祉士は、福祉事務所、児童相談所、障害者支援施設、社会福祉協議会、病院などで、個別に相談・援助業務に当たっている。なお、社会福祉士の資格をもちながら、介護支援専門員として働いている人も多い。（テキスト第4章p.227）

エ　不適切。**介護福祉士**は、介護が必要な高齢者や障害者に対して**心身の状況に応じた介護**を行うほか、要介護者や家族に対して**介護に関する指導**を行う。介護福祉士の資格をもつ人は、主にホームヘルパーや特別養護老人

ホームなどの社会福祉施設の職員として働いている。なお、**介護福祉士の資格のない人**が、介護保険の訪問介護事業や介護の業務に従事しようとする場合は、**介護職員初任者研修**など、**都道府県が指定する研修を終了する必要**がある。（テキスト第4章p.228）

第9問 【正答】 ②（イ・エ）

ア　不適切。手すりは通常、**下りのときの利き手側に取り付ける**が、可能であれば**両側に取り付ける**ことが望ましい。（テキスト第5章p.281）

イ　適切。手すりを取り付ける高さは、階段の場合は段鼻（階段路面の先端部分）から、スロープの場合は斜面床面から測って750～800mmが目安。ただし歩行方法や靴などの影響で、屋外では屋内での手すり位置の高さが若干異なることがあるので、適切な高さをよく確認しておく。手すりの材質は樹脂被覆製など、感触のよいものが好ましい。（テキスト第5章p.281）

ウ　不適切。高齢者では加齢とともにつま先が上がりにくくなり、**5mmを超える段差になるとつまずいて転倒する危険性**が増すので、通路面は平坦な形状に仕上げる。なお、「日本住宅性能表示基準」では、5mm以下の段差を「段差なし」として扱っている。（テキスト第5章p.281、p.327）

エ　適切。アプローチ部分の照度不足で、つまずいたり、段差に気づかず転倒してしまうケースは少なくない。（テキスト第5章p.282）

第10問 【正答】 ③

①　適切。自走用車椅子を使用するときは、荷物の載せ方などにより操作が不安定になりやすいので、通路幅はゆとりをもたせて1,000mm以上確保するのが望ましい。（テキスト第5章p.280）

②　適切。勾配全体を緩やかにしたためにスロープの設置距離が長くなり、折り返しが必要になるときがある。なお、折り返し部分の水平面(踊り場)は、車椅子のサイズや操作能力などによって適するスペースが異なるので、対象者に確認する必要がある。（テキスト第5章p.280）

③　不適切。**車椅子の脱輪防止策**として、**スロープの両側の縁には50mm以上の立ち上がり**（水平面から垂直方向に立ち上がった部材）または**柵を設ける**ようにする。（テキスト第5章p.281）

④　適切。関節リウマチでは段差の昇降時に痛みを感じやすいので、蹴上げ寸法を低く抑える。1/12～1/15程度の勾配がとれるときは、スロープの

利用も検討する。（テキスト第5章p.280 〜 281、p.295）

第11問　【正答】　③

① 　適切。1993（平成5）年制定の「福祉用具法」は第2条で、福祉用具を「心身の機能が低下し日常生活を営むのに支障のある老人又は心身障害者の日常生活上の便宜を図るための用具及びこれらの者の機能訓練のための用具並びに補装具をいう。」と定義している。（テキスト第6章p.358）

② 　適切。介護保険法は第8条第12項で、保険給付の対象となる福祉用具の範囲を「要介護者等の日常生活上の便宜を図るための用具及び要介護者等の機能訓練のための用具であって、要介護者等の日常生活の自立を助けるためのもの」と定めている。なお、**介護保険制度の給付対象である福祉用具は、2023（令和5）年時点で19種目（貸与13種目、購入6種目〈2022年4月に「排泄予測支援機器」が追加〉）**である。（テキスト第6章p.358 〜 361）

③ 　不適切。障害者総合支援法に基づく**補装具の給付**は、購入が原則であるが、身体の成長に伴い短期間での交換が必要になるなどの場合は、**借受け**が行われることもある。借受け検討の対象種目は「**義肢、装具、座位保持装置の完成用部品**」「**重度障害者用意思伝達装置の本体**」「**歩行器**」「**座位保持椅子**」に限られる。補装具給付の対象種目は**身体障害者が13種目**で、**身体障害児は17種目**。なお、障害者であっても介護保険の受給者であるときは、車椅子・歩行器など介護保険と共通する種目については、個々に対応する必要があると判断された場合を除き、介護保険から給付されるのが原則である。（テキスト第6章p.362 〜 363）

④ 　適切。日常生活用具給付の対象種目について、障害者総合支援法は、その要件・用途・形状を定めているのみで、具体的品目は利用者負担とともに市（区）町村が決定する。また、特殊寝台・体位変換器・歩行器など、介護保険制度の保険給付対象となる種目は、介護保険から貸与や購入費の支給が行われる。（テキスト第6章p.363）

第12問　【正答】　②（イ・ウ）

ア 　不適切。つえの高さは、**足先の斜め前方150mmの場所につえをついたとき、肘が30度ほど曲がった状態になる長さ**が適切とされる。または、この状態で握り部が大腿骨大転子の高さにくるつえを選ぶのもよい。（テキスト第6章p.377 〜 378）

イ　適切。片麻痺があるとき、つえは一般的に患側下肢の反対側の上肢で使用し、患側の足から踏み出す。（テキスト第6章p.377 〜 378）

ウ　適切。車椅子は移動できる座具として、離床生活を促し、寝たきりによる廃用症候群を防止する役割も果たす。（テキスト第6章p.382）

エ　不適切。車椅子は、駆動能力や使用目的に合わせて使用車種や装備を選択するが、まったく自発的に運転できない場合を除き、使用環境に問題がなければ、**自力で駆動操作が可能な車椅子を検討するのが自立支援の視点からも望ましい。**（テキスト第6章p.382 〜 384）

図3●つえの種類

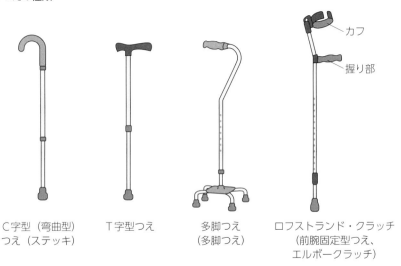

C字型（弯曲型）
つえ（ステッキ）　　　T字型つえ　　　多脚つえ　　　ロフストランド・クラッチ
（多脚つえ）　　　（前腕固定型つえ、
エルボークラッチ）

カフ

握り部

第13問 【正答】 ④

① 不適切。車椅子の**前方アプローチ**の例。便器へ正面からアプローチするには**奥行きが1,800mm必要**で、これでは足りない。（テキスト第5章p.299）

② 不適切。図②は**側方（斜め前方）アプローチ**の例で、移乗は可能だが、将来、移乗台を設置すると、この扉の位置では**車椅子が入りにくい。**（テキスト第5章p.299）

③ 不適切。車椅子の**横方向アプローチ**の例になるが、これだと将来、**移乗台を設置したときに車椅子が入りにくい。**（テキスト第5章 p.299）

④ 適切。**斜め前方方向からの車椅子の側方アプローチ**の例。これだと移乗台のスペースが確保でき、将来的に移乗台を設置しても車椅子は入りやすい。（テキスト第5章 p.299）

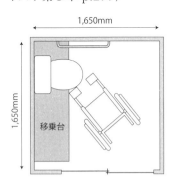

第14問 【正答】 ④

① 不適切。車椅子のためのスロープは、**勾配を1/12～1/15**にすべきである。この例では、2880÷360＝8で勾配は**1/8の急勾配**となる。（テキスト第5章p.280）

② 不適切。この例では3600÷360＝10で勾配は**1/10の急勾配**となる。（テキスト第5章p.280）

③ 不適切。この例では3960÷360＝11で勾配は**1/11でまだ急勾配**である。（テキスト第5章 p.280）

④ 適切。この例では、4320÷360＝12で勾配は**1/12**となり、車椅子のためには**適切な勾配**となる。なお、実際には玄関と道路までの距離がとれない場合も考えられ、その場合は段差解消機の設置など、別の対応も考える。（テキスト第5章p.280、287）

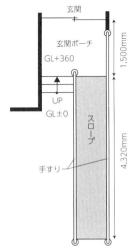

第2回模擬試験　解答・解説

二択問題

第1問 【正答】 ×

「戦後のベビーブーム」に生まれた**団塊の世代**は、**2025（令和7）年**にはすべて**75歳以上**の後期高齢者になる。超高齢化社会が到来する2025年は、社会にさまざまな影響を与えるといわれている。（テキスト第1章p.3）

第2問 【正答】 ○

第1号被保険者の保険料は、**市町村**ごとに所得に応じて保険基準額の0.5倍から1.7倍までの範囲で、9段階に設定されている。**低所得者**の保険料の**軽減**は2015（平成27）年に拡充され、軽減割合は2019（令和元）年に0.3倍に引き下げられている。（テキスト第1章p.16）

第3問 【正答】 ×

2019（令和元）年には、オレンジプラン、新オレンジプランをとりまとめた「**認知症施策推進大綱**」が定められた。この大綱では「**共生**」と「**予防**」を車の両輪とし、「普及啓発・本人発信支援」「予防」「医療・ケア・介護サービス・介護者への支援」「認知症バリアフリーの推進・若年性認知症の人への支援・社会参加支援」「研究開発・産業促進・国際展開」の5つを施策の柱としている。（テキスト第1章p.33）

第4問 【正答】 ×

「住宅の品質確保の促進等に関する法律」に定められた**高齢者等配慮対策等級**では、等級5が最も高い水準になっている。高齢者等配慮対策等級は、住宅性能表示制度により、高齢者などのために必要な対策が住戸内でどの程度講じられているかを5段階の等級で表示したもので、専用部分と共用部分がある。（テキスト第1章p.42）

第5問 【正答】 ○

新たな**住宅セーフティネット**は、**住宅確保要配慮者**（低額所得者、被災者、

159

高齢者、障害者、子育て世帯など）の民間賃貸住宅などへの円滑な入居を促進する制度で、①住宅確保要配慮者向け賃貸住宅の登録制度、②登録住宅の改修や入居者への経済的支援、③住宅確保要配慮者の居住支援の3つの柱から成り立っている。（テキスト第1章p.46）

第6問 【正答】 ×

障害者総合支援法の対象者は、身体障害者、知的障害者、精神障害者（発達障害者を含む）、政令で定める難病などにより障害がある18歳以上の者、障害児で、難病患者も含まれる。（テキスト第1章p.64）

第7問 【正答】 ×

高齢者は長年の生活習慣により、生活の不便・不自由を意識していないことも多く、また意識していても福祉住環境整備で解決できるとは思っていないことも多いため、福祉住環境コーディネーターは一緒に考え、改善策を提案していくことが大切である。（テキスト第1章p.81）

第8問 【正答】 ×

高齢者リハビリテーションのモデルは、脳卒中モデル、廃用症候群モデル、認知症高齢者モデルの3つに区別されている。急性期、回復期、生活期（維持期）、終末期の段階に沿って進められる。（テキスト第2章p.97）

第9問 【正答】 ○

先天的な素質で問題を解決したり新しいものを学習し覚えたりする流動性知能は20歳代をピークに徐々に低下するが、経験や学習などから獲得していく結晶性知能は60歳ごろまで上昇し、生涯維持し続ける人もいる。（テキスト第2章p.110）

第10問 【正答】 ×

先天性の肢体不自由に加えて知的な遅れが生じる場合は、二つ以上の障害を有する重複障害が生じている。二次的障害は、疾患や障害による症状によって二次的に引き起こされる障害のことである。（テキスト第2章p.116）

第11問 【正答】 ○

本人の日常的にしている活動（実行状況）とやればできる活動（能力）の差異を把握し、**移動能力**に見合った住環境整備を行うことが大切である。移動能力は症状の進行、屋内外の違い、衣服、行為、時間帯、心理状態などの変化に応じて把握する必要がある。（テキスト第2章p.120）

第12問 【正答】 ×

脳血管障害で**屋外歩行レベル**の場合、下肢の麻痺レベルによっては畳での生活が可能であり、必ずしもベッドを導入する必要はない。手すりや式台の設置など簡易な住環境整備ですむ場合が多い。（テキスト第3章p.127）

第13問 【正答】 ×

廃用症候群で**骨粗鬆症**がある場合は骨折しやすく転倒に注意するが、長期臥床により生活全般が不活性にならないよう、**活動を制限しない**ようにすることが重要である。（テキスト第3章p.130）

第14問 【正答】 ○

高齢者に生じやすい骨折として、**脊椎椎体圧迫骨折**（背骨）、**大腿骨近位部骨折**（太ももの付け根）、**橈骨・尺骨遠位端骨折**（手首）、**上腕骨外科頸骨折**（肩の付け根）がある。（テキスト第3章p.132）

第15問 【正答】 ×

認知症の症状は**中核症状**と**周辺症状**（BPSD）に大別され、設問は周辺症状である。中核症状は、記憶障害、見当識障害、実行機能障害、判断力の低下、失語・失行・失認などがある。（テキスト第3章p.135）

第16問 【正答】 ×

関節リウマチは、症状の進行に伴い関節に変形が生じ、生活にさまざまな不便・不自由が生じてくる。家事は長時間立ったまま行うと疲労の原因となるため、**椅子に座って行う**のがよい。（テキスト第3章p.146）

第17問 【正答】 ×

ホーン－ヤールによる**パーキンソン病の重症度分類**は、ステージⅠ度から

Ⅴ度の５つに分類されている。**一部の日常生活で介助が必要となるのは、ステージⅣ度**である。**ステージⅤ度**では、**臥床状態**となり全面的な介助が必要になる。（テキスト第３章p.148）

表１●ホーン-ヤールによるパーキンソン病の重症度分類

重症度	状態
０度	特に症状のない状態
１度 （ステージⅠ）	一側性パーキンソニズム 身体の片側にのみ軽い障害があらわれる
２度 （ステージⅡ）	両側性パーキンソニズム 身体の左右両方に振戦、筋固縮、寡動・無動の障害があらわれ、また体幹に影響すると姿勢の変化が明確にわかるようになる
３度 （ステージⅢ）	軽～中等度のパーキンソニズム ２度の障害が重くなり、姿勢反射障害の初期兆候もあらわれはじめるが、日常生活に対する介護はまだ必要ではない
４度 （ステージⅣ）	高度のパーキンソニズム 病状がさらに進み、機能障害は重症で日常生活の一部に介助が必要だが、歩行や起立保持はどうにか介助なしで可能
５度 （ステージⅤ）	介助なしには寝たきりの状態となり、ベッド又は車椅子での生活が必須となる

※「概要・診断基準等（厚生労働省平成27年1月1日付作成）」を基に作成。

第18問 【正答】　○

　糖尿病で運動神経の障害により、つまずきやすくなっている場合には、足やつま先を傷つけやすくなるため、じゅうたんなどの**床材はフローリング**にする。義足を装着している場合は、滑りにくい床材にする。（テキスト第３章p.153）

第19問 【正答】　○

　虚血性心疾患の代表として「**心筋梗塞**」があり、発症すると激痛が生じ、重度になるとショック状態に陥ることもある。「**狭心症**」は、血液の減少やとだえが一時的に起こり、心筋は壊死にまで至らない。（テキスト第３章p.153）

第20問 【正答】　×

　シックハウス症候群は、建材や家具等から発生する化学物質、カビ・ダニ等による室内空気環境汚染による健康障害のことをいい、粘膜刺激症状のみ

が発症したときは、転居することで症状は治まる。**化学物質過敏症**は、微量な化学物質に過敏に反応するため、その場を離れても、就業や家事、集会、外出、買い物など**生活に著しい障害**を生じる。（テキスト第3章p.156、157）

第21問　【正答】　○
　脊髄小脳変性症では、運動機能障害が慢性的に進行し、**歩行不能**になって**臥床状態**となる。失調性構音障害や上肢の運動失調なども生じ、発症後2～5年の間に固縮・無動など**パーキンソン病のような症状**が加わることが多い。（テキスト第3章p.165）

第22問　【正答】　×
　排尿障害があり、寝たきりなどでトイレに行くことができない場合には、カテーテルを尿道から膀胱まで挿入し、膀胱から直接排尿する**膀胱留置カテーテル**を挿入する。**ストーマ**は、直腸や膀胱の切除により**排泄が困難**な場合に造設する。（テキスト第3章p.178）

第23問　【正答】　○
　視野欠損の半盲は、視野の半分が欠ける状態をいい、**同名半盲と異名半盲**がある。**異名半盲**は、両眼の反対側（両眼の耳側半分または鼻側半分）が欠損する。**同名半盲**では、半分しか見えないため、半開きのドアにぶつかったり、道路を歩くときに反対方向に寄って歩くことがある。（テキスト第3章p.183）

第24問　【正答】　×
　言語障害の**構音障害**では、「聞いて理解する」「文字を書く・読む」ことに問題はないが、**正しい発音が困難**になる。**失語症**では、「言葉を話す」「聞いて理解する」「文字を書く・読む」ことの一部またはすべてに障害が起こる。（テキスト第3章p.192）

第25問　【正答】　○
　知的障害の軽度では、ADLや家庭内の技能は自立している。中度では、日常生活や社会生活にかなりの介助やADLの訓練が必要となる。重度では、介助が必要になり、最重度では、寝たきりも多く、介助なしには生命維持が困難で、てんかんなどを併発する場合がある。（テキスト第3章p.198～199）

表 2 ●知的障害の分類

知能の段階	知的レベルの目安	状態
軽度	知能指数50～70 (10～12歳程度)	日常生活や社会生活において、簡単な決まりに従って行動することは可能。 身辺の事柄を理解できるが、新しい事態や時や場所に応じた対応は不十分。日常会話も可能だが、抽象的な思考が不得手でこみいった話に苦労する。
中度	知能指数35～49 (6～9歳程度)	日常生活や社会生活には何らかの援助や配慮が必要。 ごく簡単な読み書き計算は可能だが、生活場面で実用するのは困難。具体的な事柄についての理解や簡単な日常会話はある程度可能。
重度	知能指数20～34 (3～6歳程度)	日常生活や社会生活には個別的な援助が全体的に必要。 読み書きや計算は不得手だが、単純な会話は可能。生活習慣になったものなら言葉での指示を理解。ごく身近なことについて、身振りや短い言葉で自ら表現することができる。
最重度	知能指数20未満 (3歳以下)	生活全般にわたり常時個別的な援助が必要。 言葉でのやり取りやごく身近なことについての理解も難しく、意思表示はごく簡単なものに限られる。

※東京都福祉局「対象者(愛の手帳Q&A)」を基に作成。なお、知能指数(IQ)については対象が成人の場合かつ、判定基準の一要素でしかないため、実際は総合的に判定される。

第26問　【正答】　×

　ケアマネジメントの援助過程は、**相談、アセスメント、ケアプランの作成、ケアプランの実施、モニタリング**の流れで進められる。相談によって利用者の生活の要望などを聞き出し、アセスメントで利用者の状態と要望を阻害する問題点を把握した後に、問題の解消方法を考えてケアプランを作成・実施し、最後にモニタリングによりサービスの提供状況を定期的・継続的にチェックする。(テキスト第4章p.205)

第27問　【正答】　×

　介護保険制度では、福祉用具貸与事業所および福祉用具販売事業所に**福祉用具専門相談員を2名以上配置**することが義務づけられている。**福祉用具専門相談員**は、介護保険制度で福祉用具サービスを利用する際に、福祉用具が適切に使用されるよう助言、指導を行う。(テキスト第4章p.229)

第28問 【正答】 ○

　福祉住環境整備を行った後に、整備の効果が得られているか、使い勝手や家族の生活に不便が生じていないか、新しい福祉用具や設備機器の維持管理・費用などが発生していないかなど、一定期間生活してみないと判断できないため、**フォローアップ**により**援助効果やその後の状況を確認する追跡評価**を行う。(テキスト第4章p.244)

第29問 【正答】 ×

　手すりは、**ハンドレール**と**グラブバー**の2種類がある。体の位置を移動させるときに手を滑らせながら使用するのは**ハンドレール**で、階段や廊下などに設置される。**グラブバー**は、移乗動作や立ち座り動作のときに、しっかりつかまって使用され、トイレや浴室などに設置される。(テキスト第5章p.254)

第30問 【正答】 ○

　側方アプローチは、便器の側方または斜め前方から車椅子を便器に近づける方法である。

　他に**前方アプローチ**、**横方向アプローチ**がある。自走用車椅子を使用の場合、車椅子から便器へのアプローチ方向、移乗動作に適した便器・出入り口の配置、必要なトイレスペースを確認する。(テキスト第5章p.299)

第1問 【正答】 ④

介護保険制度の**地域密着型サービス**では、通いを中心として、利用者の状態や希望に応じて、**随時訪問や泊まり**を組み合わせることのできる**小規模多機能型居宅介護**のサービスを提供している。（テキスト第1章p.18、p.22）

第2問 【正答】 ②

障害者総合支援法の**居室支援系のサービス**では、障害者に対して、主に夜間、共同生活を営むべき住居として、相談、入浴・排泄、食事の介護、その他日常生活上の援助を行う**グループホーム**を規定している。**グループホーム**では、住居は、アパートやマンションなどの集合住宅や戸建住宅など既存の建物を利用することができる。（テキスト第2章p.78）

第3問 【正答】 ③

高齢者リハビリテーションでは、対象者の生活機能障害の**遠因**と生活上の問題が重なった結果生じる**生活機能の低下・障害**を評価し、生活機能の低下・障害の状態になった人々の生活機能の再建・ＱＯＬの向上をめざして、治療と訓練をする。（テキスト第2章p.96）

第4問 【正答】 ④

精神障害者のリハビリテーションには、作業療法やレクリエーション療法、**ソーシャルスキルズ・トレーニング**などがあり、ソーシャルスキルズ・トレーニングでは、対人関係において意思疎通する能力や金銭、服薬などの自己管理の技能を改善する訓練を行う。（テキスト第3章p.200）

第5問 【正答】 ①

腎臓機能障害の疾患には、**糖尿病や痛風、膠原病**などのような全身性疾患があり、腎臓疾患は、糸球体濾過値が**正常値の30％以下**になると**慢性腎不全**と診断される。さらに10％以下まで低下した状態を尿毒症という。（テキスト第3章p.177）

第6問 【正答】 ③

　福祉住環境整備にかかわる相談では、相談の中心は高齢者や障害者本人であるが、必要書類の作成や工事の準備など、本人では速やかに対応できないことや負担になることがあるため、必要に応じて**相談者側の中心となるキーパーソン**を決めておく。（テキスト第4章p.233）

第7問 【正答】 ④

　一般的に和室の床面は洋室の床面よりも**10 ～ 40mm程度高くなっている**ため、高齢者の転倒事故の大きな原因となっている。和洋室の床段差を解消する方法として**ミニスロープ**を設置する方法がある。（テキスト第5章p.251 ～ 252）

図4●ミニスロープ

ミニスロープは端部の仕上げもスロープ状にする必要がある。そうでないと端部につまずく危険がある

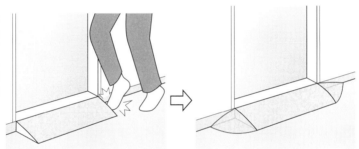

第8問 【正答】 ②

　便器への移乗に車椅子を使用する場合、便座面の高さに配慮する必要がある。便座面の高さが車椅子座面より低い場合には、**便座面の高さは450mm**程度の市販便器に交換するなど工夫する方法がある。（テキスト第5章p.303）

第9問 【正答】 ④

　車椅子を使用して調理を行う場合、キッチン内の配置は、調理機器類を**L型（直角）**に配置する形式が、車椅子での移動に適している。また、キッチンカウンターの高さは、**740 ～ 800mm**程度を目安とし、車椅子使用者の身体寸法や使用する車椅子に合わせて決める。（テキスト第5章p.318 ～ 320）

第10問 【正答】 ③

　介護保険制度で**住宅改修の給付を受ける**には、住宅改修を行う前に**住宅改修が必要な理由書**や**工事費見積書**と、住宅改修が完了した後に材料や工賃の単価、数量の詳細な金額を工事費科目に分けて集計して記載した**工事費内訳書**などを提出する必要がある。（テキスト第5章p.350、p.352、p.354）

第11問 【正答】 ②

　介助用車椅子には、駆動用の**ハンドリム**がなく、手押しハンドルには**介助者用のブレーキ**が取り付けられている。車椅子のブレーキは、同じ操作でブレーキ制御と解除が交互に作用する**トグル式**などがあり、ブレーキの種類により操作方法が異なるため注意する。（テキスト第6章p.383、384）

図5 ●**手動車椅子**

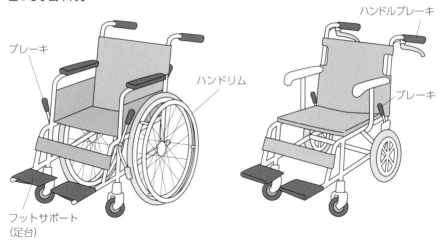

ブレーキ

ハンドリム

ハンドルブレーキ

ブレーキ

フットサポート
（足台）

自走用標準形車椅子
自力で動かすため、駆動用のハンドリムが
付いている

介助用標準形車椅子
介助者用にハンドルブレーキが付いている

第12問 【正答】 ①

　便座への立ち座りを助ける腰かけ便座には、洋式便器からの立ち座りを補助する機能を有している**立ち上がり補助便座**があり、下肢の麻痺、筋力の低下、痛みなどにより通常の便器からの立ち座りが困難な人に有効である。（テキスト第6章p.394）

第13問 【正答】 ②

取り付け工事を必要としない手すりは、設置場所の自由度が高く、臥位・座位からの立ち上がり、移乗・移動、上がりがまちの昇降など、さまざまな生活場面で使用される。そのひとつである**床に置いて使用する**手すりは、使用時の**水平**方向の安定性を確認することが必要である。（テキスト第 6 章 p.377）

第14問 【正答】 ④

能動義手は、体に固定しているベルト（ハーネス）に接続されたコントロールケーブルを牽引してフック状の手先具を操作する義手で、**つかむ、握るなど日常生活の動作性**を目的で用いられる。（テキスト第 6 章 p. 411）

図6●能動義手の構造と上肢機能を持つ義手

能動義手

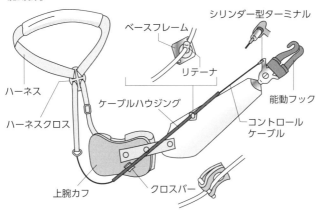

作業用義手

主に農業や林業など
特定の作業を行う人
のための義手

電動義手

筋電義手ともいう。切断
端の筋活動を利用して電
動で手先が動く

第1問 【正答】 ③

① 不適切。日本の高齢化率は **2007（平成19）年に21％を超えた**。高齢化率は、全人口に占める65歳以上の高齢者人口の割合のこと。高齢化率が **7％を超えた社会を「高齢化社会」、14％を超えた社会を「高齢社会」、21％を超えた社会を「超高齢社会」** という。日本の高齢化は世界でも類を見ないスピードで、急速に進行した。（テキスト第1章p.11）

② 不適切。日本の **高齢者保健福祉制度の嚆矢** となったのは、**1874（明治7）年制定の「恤救規則」**。「鰥寡孤独」（配偶者や子どもがなく、身寄りもない）の窮民の救済が目的で、高齢者では70歳以上の身寄りのない貧困の老衰者等がその対象となった。すべての高齢者を対象に、入所施設や利用制度を創設した「老人福祉法」とは性格が異なる。（テキスト第1章p.11）

③ 適切。「ゴールドプラン」の数値目標により、在宅福祉事業などが積極的に進められるとともに、1990（平成2）年には「老人福祉法」等福祉8法が改正され、市町村単位での「老人保健福祉計画」の策定が義務づけられた。さらに1992（平成4）年には「福祉人材確保法」、1993（平成5）年には「福祉用具法」が成立している。（テキスト第1章p.12）

④ 不適切。**高齢社会福祉ビジョン懇談会** が「**21世紀福祉ビジョン**」で提言したのは、**新介護システムの構築と公的介護保険制度** の具体的検討。設問の内容のように、新介護システムについてより踏み込んだ提言を行ったのは、**高齢者介護・自立支援システム研究会**（「新たな高齢者介護システムの構築を目指して」1994〈平成6〉年12月）。（テキスト第1章p.12）

第2問 【正答】 ①（ア・ウ）

ア 適切。1977（昭和52）年に報告されたN・W・ショックらの研究結果による。「人間は血管から老いる」といわれるように、腎臓や肺の働きは毛細血管の働きが鍵を握っている。（テキスト第2章p.103～104）

イ 不適切。東京都老人総合研究所（現・東京都健康長寿医療センター研究所）の長期縦断調査によれば、都市部の80歳以上の高齢者は、60～69歳の高齢者に比べて速く歩く能力が **約20％低下** していた。また、農村部の高齢者の最大歩行速度は、都市部の高齢者に比べて男性が約10％、女性は約30％も低下していた。（テキスト第2章p.103～104）

ウ　適切。老化促進因子には、紫外線・放射線・大気汚染などの有害物質に曝されることや、偏った栄養摂取・ストレス・喫煙・過度の飲酒・睡眠不足といった生活習慣のゆがみ、重い病気の後などが挙げられる。（テキスト第2章p.104 ～ 105）

エ　不適切。介護保険の被認定者数から推定される**元気高齢者の割合は、全体の約80％**。ただし、高齢者ではいったん病気にかかると、複数の病気を併発しやすく、低栄養、摂食・嚥下障害、誤嚥性肺炎、認知機能低下、歩行障害、排尿障害など、高齢者に現れやすい特有の症状群を**老年症候群**と総称している。（テキスト第2章p.104 ～ 105）

第3問　【正答】　②（イ・エ）

ア　不適切。脳血管障害で最も多いのは、脳の血管が詰まる**脳梗塞**で、全体の70 ～ 80％を占める。3種類のなかではクモ膜下出血が一番少ない。（テキスト第3章p.125）

イ　適切。その症状の程度は、「クモ膜下出血」「脳出血」「脳梗塞」にかかわらず、障害の範囲の大きさや部位に左右される。（テキスト第3章p.125）

ウ　不適切。かつては急性期には絶対安静で、治療が優先されたが、**最近では廃用症候群の予防やADLの自立を目標に**、できるだけ早期から**急性期リハビリテーション**が行われている。（テキスト第3章p.126）

エ　適切。移動のレベルは、「屋外歩行レベル」「屋内歩行レベル」「車椅子レベル」「寝たきりレベル」の4つに分けて検討する。（テキスト第3章p.127 ～ 128）

第4問　【正答】　④

①　不適切。**認知症の治療の基本**は、**薬物療法、非薬物療法、介護**の3つ。脳を活性化させる目的で行われるリハビリテーション（アクティビティ・プログラム）は非薬物療法の代表例。（テキスト第3章p.135）

②　不適切。認知症高齢者は**新しいことを覚える（短期記憶）のは苦手**だが、**昔に習い覚えたことや昔の出来事は記憶にとどめている（長期記憶）**ことが多い。昔の思い出を振り返させる**回想法**は、この特徴を活用した認知症のリハビリテーションの一つ。（テキスト第3章p.135）

③　不適切。日常生活において、認知症の初期には**買い物・調理・掃除・洗濯・金銭管理**といった手段的日常生活動作（IADL）にまず支障が現れ、症状の

進行とともに**日常生活動作（ADL）のレベル**まで支障が拡大していく。これに精神障害や行動障害が加わると、生活上の不自由さはさらに深刻度を増すことになる。（テキスト第3章p.137）

④　適切。認知症高齢者は、対人的な対応（ソフト面）や本人を取り巻く環境（ハード面）に大きく影響される。本人が受容できる範囲で環境を整えることで、周辺症状が軽減・治癒したり、自立性が高まって生活の活性化につながることもある。（テキスト第3章p.137）

第5問　【正答】　③

①　不適切。**パーキンソン病は、脳内のドパミン（ドーパミン）不足で発症**する。何らかの原因で中脳黒質の神経細胞が死滅することにより、黒質で産生されるドパミンの量が減り、大脳の線条体に向けて十分な量のドパミンが放出されなくなる。線条体はドパミンを使ってからだの動きをコントロールしているが、ドパミンの不足により、からだの動きが制御できなくなる。（テキスト第3章p.147）

②　不適切。パーキンソン病の四徴は「振戦」「筋固縮」「無動・寡動（かどう）」「姿勢反射障害・歩行障害」で、「多動」は含まれない。「（テキスト第3章p.147）

③　適切。薬の服用効果の現れ方などにより、パーキンソン病の症状は日内変動や週内変動を起こしやすい。（テキスト第3章p. 149）

④　不適切。**すくみ足がみられるとき**に、足を振り出すための目印となるカラーテープは、**床に20～30cm間隔で貼る**のが望ましい。（テキスト第3章p.150）

第6問　【正答】　①（ア・エ）

ア　適切。脊椎から出た神経線維は脊髄を離れたあと、互いに結びつきあって末梢神経となり、筋肉やほかの器官につながって、脳からの刺激を伝えたり、逆に刺激を脳におくったりしている。（テキスト第3章p.159）

イ　不適切。**脊髄損傷のレベルは、正常に働くいちばん下の髄節の名前**で示す。たとえば、第1胸髄損傷（T_1レベルの脊髄損傷）というときは、第1胸髄の機能までは正常で、第2胸髄（T_2）以下尾髄（Co）までが損傷されていることを意味する。（テキスト第3章p.160～162）

ウ　不適切。**腰髄損傷（L_1～L_5）**の場合、**下肢は一部動かすことができ**、移動手段が車椅子であっても、手すりにつかまって立ち上がったり、床から

車椅子に乗ることができるケースが多い。このため頸髄損傷や胸髄損傷の場合とは異なり、**腰髄損傷者への住環境の整備**は、対象者のADL能力を十分に把握したうえで、**必要最低限にとどめる**のが望ましい。（テキスト第3章p.161〜162）

エ　適切。福祉住環境整備においては、坐薬の挿入、浣腸、摘便などをどこで、どのような姿勢で行うか把握したうえで、手すりの設置位置や便器の種類等を決める必要がある。（テキスト第3章p.163）

図7●脊椎と脊髄

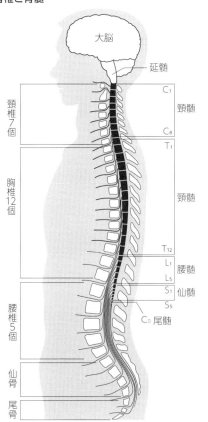

脊椎は円柱形の椎体と後方の椎弓からなり、中央に椎孔という孔があり、その中を神経の束である脊髄が通る

脊髄の損傷レベルとADL能力

① 頸髄損傷（$C_1 \sim C_8$）
$C_1 \sim C_3$の損傷では、首は動かせるが上肢、下肢、体幹のすべてが麻痺し、呼吸障害もあり、全介助が必要。C_4では自発呼吸ができるが全介助が必要。C_5では肩と肘、前腕の一部が動かせるが、手を用いた動作以外は介助が必要。C_6では肩の力は不完全、肘は曲げられるが伸ばせない。ADLは中程度で一部要介助。C_7では手関節までの動きはほぼ完全、手首の屈伸も可能。ADLは一部介助からほぼ自立。自助具なしで食事が可能。起き上がり、寝返りが可能

② 胸髄損傷（$T_1 \sim T_{12}$）
$C_8 \sim T_1$の損傷では、上肢はすべて使える。車椅子でのADLが自立。$T_2 \sim T_6$では体幹のバランスが一部安定。車椅子での自立、簡単な家事動作も自立。$T_7 \sim L_2$では、体幹のバランスがほぼ安定、骨盤帯の挙上が可能。家事や仕事、スポーツも可能。松葉つえで歩行可能

③ 腰髄損傷（$L_1 \sim L_5$）
$L_3 \sim L_4$の損傷では、体幹が安定し、下肢が一部動く。ADLはすべて自立。短下肢装具とつえで歩行可能。L_5では、足関節の動きが不十分だが、ADLはすべて自立。歩行が自立

第7問 【正答】 ③（ア・エ）

ア 適切。福祉用具専門相談員は、利用者ごとに福祉用具の利用目標やサービス内容等が記載された「福祉用具サービス計画（福祉用具貸与・販売計画）」を作成し、福祉用具貸与計画を見直すための定期的なモニタリングなどを行う。なお、同様な職種である福祉用具プランナーは、公益財団法人テクノエイド協会が認定する民間資格であり、福祉用具専門相談員のような公的資格ではない。（テキスト第4章p.229）

イ 不適切。**リハビリテーション工学技師**は、高齢者や障害者の**リハビリテーションのための工学的支援分野**において、車椅子、義肢・装具などの補助具、コミュニケーション機器、自助具などさまざまな**福祉用具の開発・作製を行う人**のこと。知識と技術があれば、資格なしに誰でもこの仕事ができる。なお、リハビリテーションセンターなどで臨床サービスを提供している人もリハビリテーション工学技師と呼ぶことが多い。（テキスト第4章p.229）

ウ 不適切。建築士の資格は「一級建築士」「二級建築士」と「**木造建築士**」の3種類。それぞれの資格試験は、公益財団法人建築技術教育普及センターが実施している。住宅改修を行う際は、建築士に助言を求めることも大切である。（テキスト第4章p.229〜230）

エ 適切。このほか、インテリア関連の資格には、公益財団法人建築技術教育普及センターが認定する「インテリアプランナー」などがある。（テキスト第4章p.230）

第8問 【正答】 ②

① 不適切。**精神保健福祉士**（**PSW**；Psychiatric Social Worker）は、**精神保健福祉領域のソーシャルワーカー**のこと。社会福祉学を学問的基盤に、精神障害者の社会参加や社会復帰に関する相談に応じ、助言・指導・日常生活に適応するための訓練などの援助を行う。なお公益社団法人日本精神保健福祉士協会は、2020（令和2）年6月に、精神保健福祉士の英語表記を**MHSW**（Mental Health Social Worker）に変更した。（テキスト第4章p.228）

② 適切。**市町村**は公的な保健・福祉サービスの中核をなす**介護保険制度の保険者**であり、住宅改修などの保険給付の決定や、地域の実情に応じた独自のサービス提供の手続きは市町村行政の担当者が担っている。そして、さまざまな行政サービスが適切に住民へ提供されるよう活動するのが市町

村職員の重要な役割でもある。（テキスト第4章p.228）

③ 不適切。ソーシャルワーカーは**社会福祉に従事している人の総称**で、これ自体に**資格の有無は関係しない**（「生活相談員」とも呼ばれる）。ただし、「**社会福祉士**」や「**精神保健福祉士**」のように**資格が必要**になる職種もある。また、医療機関で疾病や心身障害等で生じる諸問題に関する相談・支援業務を行う「**医療ソーシャルワーカー**」（**MSW**；Medical Social Worker）も、一般的に社会福祉士や精神保健福祉士の資格が必要とされる。（テキスト第4章p.228）

④ 不適切。義肢装具士は、**医師の指示の下に**、**患者の義肢・装具採型や採寸を行い**、これを元に義肢・装具を製作して、病院などで適合を行う。大多数の義肢装具士は民間の義肢装具製作事業所に所属し、事業所と提携している病院や更生相談所等に出向いて業務を行うのが一般的。（テキスト第4章p.228～229）

第9問 【正答】 ①

① 適切。開き戸は引き戸に比べて開閉に伴う動作が多く、高齢者では転倒が起きる危険性が高い。また、車椅子では開閉の際に向きを変える必要があり、狭いポーチではその動作がしにくいので、玄関扉には開き戸は不向き。（テキスト第5章p.282）

② 不適切。玄関扉の開口有効寸法は、**通常700～750mm程度**である。（テキスト第5章p.282）

③ 不適切。上がりがまち段差の軽減目的で玄関土間に踏台を置くときは、踏台の高さは上がりがまち段差を等分に分ける寸法で設置し、**奥行きは昇降しやすいように400mm以上**とするのが基本。**二足一段昇降**の場合は、**両足を同時に乗せられる奥行きとして500mm以上必要**となる。なお、等分の高さが安全に昇降できる寸法を超えている場合は、踏み台の段数を多くして、各段の高さを低くする。（テキスト第5章p.286～287）

④ 不適切。玄関ベンチを設置する際には、立ち上がり動作の安全確保のため、**ベンチの座面端部から250～300mm程度の位置に縦手すり**を取り付ける。なおベンチの設置寸法は、実際にベンチを使った動作を対象者に行ってもらい、上がりがまちとベンチの位置関係、土間床面とホール床面やベンチ座面の高さの関係にも配慮しながら決定する。（テキスト第5章p.288）

第10問　【正答】　④（ウ・エ）

ア　不適切。階段は転倒・転落などの家庭内事故が起こりやすい場所であり、福祉住環境整備においては、**生活空間は同一階（できれば避難に有効な1階部分）にまとめ、階段を使わなくてもよい環境**にすることが望ましい。（テキスト第5章p.289）

イ　不適切。介助歩行では、介助者は本人の斜め後方に立って体を横に半身ずらし、本人の体を支えて、前方を確認しながら歩行することになる。したがって、**廊下などの通路幅（有効寸法）は1.5人分（本人一人分＋半身分）必要**になる。（テキスト第5章p.290）

ウ　適切。廊下の有効寸法を850 ～ 900mm確保するためには、壁芯―芯距離で1,000mm以上必要となり、新築や増築で対応することになる。（テキスト第5章p.290）

エ　適切。3尺モジュールで造られた開き戸の開口有効寸法は最大で780mm。さらに戸枠、丁番の寸法、戸の厚さを考慮すると、開口有効寸法は700mmより小さくなり、車椅子では狭くて通れない。（テキスト第5章p.261、p.293）

第11問　【正答】　④

①　適切。T字型つえのほか、ステッキやL字型つえといった比較的安価な一本つえは、介護保険の給付対象となる福祉用具には含まれない。（テキスト第6章p.378 ～ 379）

②　適切。エルボークラッチ（ロフストランド・クラッチ）は、握り手部分で軽度屈曲した支柱と、前腕を支えるカフを備えた前腕固定型つえ。肘を軽く曲げた状態にすることで、患側下肢にかかる荷重（体重）の免荷と前腕の固定が効率的に得られる。（テキスト第6章p.379）

③　適切。歩行器にはフレームが固定された固定型歩行器と、フレームに可動性をもたせた交互型歩行器があり、歩行車には2輪、3輪、4輪、6輪のものがある。（テキスト第6章p.379 ～ 380）

④　不適切。**座面（シート）と背もたれ（バックサポート）を一定の角度で後方に倒せるのはティルト式車椅子。リクライニング式車椅子は背もたれのみを後方に倒せる**。なお、ティルト＆リクライニング式車椅子は、ティルト機能とリクライニング機能の両方をあわせ持つ座位変化形車椅子である。（テキスト第6章p.384 ～ 385）

図8●座位変換形車椅子

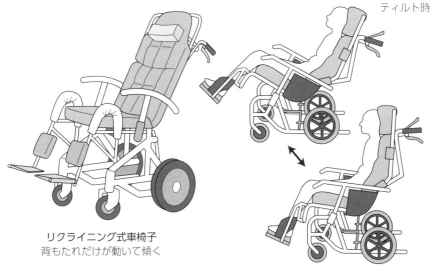

ティルト時

リクライニング式車椅子
背もたれだけが動いて傾く

ティルト&リクライニング式車椅子
ティルト時には座面のシートと背もたれの
角度が一定のまま後方へ傾く。傾斜角度が
調節でき、座位保持が困難な人の座位保持
をしやすくする

第12問 【正答】 ①（ア・ウ）

ア　適切。平ベッドは、一般的な施術用ベッドのこと。介護保険制度の福祉
用具は、特殊寝台（介護用ベッド）のように「要介護者等でない者も使用す
る一般の生活用品でなく、介護のために新たな価値付けを有する」用具であ
る。（テキスト第6章p.359、p.370、p.373～374）

イ　不適切。**吸入器や吸引器**は「**治療用等医療の観点から使用**するもの」であ
り、介護保険制度の**福祉用具の対象外**となる。（テキスト第6章p.370）

ウ　適切。介護保険制度の福祉用具は「起居や移動等の基本動作の支援を目的」
とするものであり、「身体の一部の欠損又は低下した特定の機能を補完する
こと」を主たる目的とするものではなく、義肢（義手・義足）はその対象外
となる。（テキスト第6章p.362～363、p.370～371）

エ　不適切。**軽度者（要支援者、要介護1）**に対しては、その状態像から利用
が想定しにくい**車椅子や特殊寝台（介護用ベッド）等の種目**は、一定の条件
に該当する場合を除き、**介護保険の給付対象としない**のが原則。（テキスト
第6章p.371）

第13問 【正答】 ②

① 不適切。縦手すりを取り付けるには、**便器から100～150mm離れた位置では近すぎる。**（テキスト第5章p.301）

② 適切。縦手すりは**便器から250～300mm離れた位置に、利用者の肩より100mm上方までの高さで取り付ける**のが望ましい。（テキスト第5章p.301）

③ 不適切。縦手すりの代わりに**L型手すりを取り付けた例**だが、取り付け位置が便器先端から縦手すりの芯まで100～150mmとなっており、これでは近すぎる。（テキスト第5章p.301）

④ 不適切。縦手すりの高さは、**利用者の肩より200mm上方までは必要ない。**（テキスト第5章p.301）

縦手すりは立ち上がり動作がしやすいように便器の先端より250～300mm程度前方の壁面に設置する。また縦手すりの上端は肩の高さより100mm程度上方までとする。長さは800mm程度を目安とする。

第14問 【正答】 ③

① 不適切。下のスロープの**勾配が1/12より急勾配**になるため望ましくない。（テキスト第5章p.280）

② 不適切。スロープ途中の踊り場は、車椅子のためには**幅1,500mm以上必要**で足りていない。（テキスト第5章p.280）

③ 適切。上のスロープも下のスロープも**勾配が1/12より緩やか**になっている。
2050mm÷170mm≒12.0
3550mm÷280mm≒12.7
（テキスト第5章p.280）

④ 不適切。踊り場を広くしたため、上のスロープも下のスロープも**勾配が1/12より急勾配**になっている。（テキスト第5章p.280）

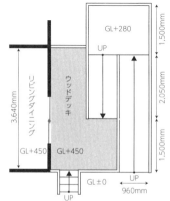

第3回模擬試験　解答・解説

二択問題

第1問 【正答】 ○

　日本の木造住宅は、メートル法に変わった現在でも**尺貫法**を基準として造られ（1尺は約30.3cm）、廊下や階段、開口部などの幅は**3尺**（柱芯一芯の間隔は**910mm**）となっているため、車椅子での室内移動や介助を必要とする場合は適していない。（テキスト第1章p.6）

第2問 【正答】 ×

　設問の事業は、**高齢者住宅改造費助成事業**である。おおむね65歳以上の要支援・要介護などの高齢者に対して、**市町村が介護保険制度の給付対象以外の住宅改修工事**について、一定の費用を助成する事業で、所得に応じて助成割合が異なる。（テキスト第1章p.43）

第3問 【正答】 ○

　福祉住環境コーディネーターの職業倫理には、**個人情報保護法を厳守する**項目が含まれている。利用者の名前や住所、病院名、施設名など、個人を特定できる情報は本人の同意のもとに慎重に取り扱う必要がある。（テキスト第1章p.82）

第4問 【正答】 ○

　地域リハビリテーションでは、**地域**を基盤としたさまざまなリハビリテーション活動が行われる。医療機関、福祉機関、教育機関が提供する諸サービスや活動も含め、地域生活で、**あらゆる人々が実践する総合的リハビリテーション**のサービスでもある。（テキスト第2章p.101）

第5問 【正答】 ×

　設問は、さまざまな老化促進因子により、老化現象が急速に進行する**病的老化**の状態のことである。病的老化は**通常老化より病気が生じやすく**、低栄養や摂食・嚥下障害、誤嚥性肺炎、認知機能低下、歩行障害、排尿障害など

179

の**老年症候群を発症**するようになる。（テキスト第 2 章 p.104）

第 6 問 【正答】 ○

　老化は、成長のピークとなる 30 歳以降に、**神経機能、心機能、呼吸機能、腎機能、運動機能などが低下**し、死を迎えるまでの人生の後半の過程をいう。老化には例外なく生じる普遍性があり、体内にプログラムされている内在性があり、年月とともに進行性があり、退行性（有害性）がある。老化が進むほど死亡率は高くなるが、21 世紀では、老化速度は遅くなる傾向にある。（テキスト第 2 章 p.112）

第 7 問 【正答】 ×

　在宅介護では、日常生活動作の安全性を確保するため、介護者の視線に入る空間で在宅生活をおくることが望ましいが、排泄や入浴時に生じる遠慮や恥じらいなどの感情にも配慮し、**精神的にも快適な環境を整備**する必要がある。（テキスト第 2 章 p.118）

第 8 問 【正答】 ×

　脳血管障害の**急性期**では、以前は絶対安静を保ち、病状を改善させる治療法が優先されていたが、最近では**廃用症候群などの予防**と**早期の ADL の自立**をめざして**リハビリテーション医療**が開始される。（テキスト第 3 章 p.126）

第 9 問 【正答】 ○

　上肢骨折の場合は日常生活動作上の支障は少ない。**大腿骨頚部骨折の場合は、日常生活動作上に支障が生じやすくなる**ため、退院時に、PT に股関節や膝関節の可動域制限、筋力、疼痛、歩行補助具などの有無、**歩行能力**などを確認しておく必要がある。（テキスト第 3 章 p.133）

第 10 問 【正答】 ×

　認知症高齢者は**環境の変化への適応性が低下**しているため、混乱が起きないよう、壁や床は無地にする、**家具の配置は変えない**など、できるだけ**環境は変えない**ようにする。室内の物なども一気に片付けると混乱するため、環境を変える場合は徐々に変更する。（テキスト第 3 章 p.138、p.143）

第11問 【正答】　×

　関節リウマチでは、無理して動作や作業を続けると**症状が悪化するおそれ**があり、手指や関節をできるだけ使わずに動作や作業を行える**自助具**（棒状ハンドル、太柄スプーン・フォーク、リーチャー、ソックスエイドなど）を活用する。（テキスト第3章p.144 ～ 145）

第12問 【正答】　○

　パーキンソン病の四徴に、「**振戦（ふるえ）**」「**筋固縮**」「**寡動・無動**」「**姿勢反射障害・歩行障害**」があり、寡動・無動では、動作が緩慢になり、一つの動きがゆっくりとなったり、まばたきの回数が減って表情が乏しくなる**仮面様顔貌**の症状がみられたりする。他に、便秘、立ちくらみなどの自律神経症状や嚥下障害、**うつ症状**や**認知障害**などの精神障害が生じることもある。（テキスト第3章p.147）

第13問 【正答】　×

　糖尿病で感覚（神経）障害のある場合、熱さに気づかず**低温やけど**になることがあるので、電気ストーブなどの局所暖房は使用せず、**部屋全体を暖める**ようにする。（テキスト第3章p.153）

第14問 【正答】　×

　設問は、**筋ジストロフィー**の疾患である。**筋萎縮性側索硬化症（ALS）**は、筋肉を動かす命令を伝える神経細胞（運動ニューロン）が徐々に変性し、筋肉が委縮していく疾患で、多くは40歳代以降に発症し、女性に比べ**男性に1.5～2倍多くみられる**。（テキスト第3章p.163、p.166）

第15問 【正答】　○

　脳性麻痺に見られる運動障害には、筋肉が硬く突っ張って手足が動かない**痙直型**、体を動かそうとすると自分の意思とは無関係に手足や首が動いてしまう**不随意運動型**、ふらふらした状態になる**失調型**などがある。（テキスト第3章p.168）

第16問 【正答】　×

　腎臓疾患の**腹膜透析**には、自分で透析を行う**CAPD（連続携行式腹膜透析）**

と、就寝中に装置が自動的に交換する**APD（自動腹膜透析）**があり、現在、標準的に行われているのは**CAPD**である。CAPDで透析液バックを交換するときは、感染に注意する。（テキスト第3章p.177）

第17問 【正答】 ×

視力障害者は、**コントラストの感度が低い**ため、適度な照明が必要となるが、**羞明**がある場合は光に対する許容範囲が狭く、目に直接光が入るとまぶしさが増す。そのため、照明は直接目に光が入らない**間接照明**にする、カーテンやブラインドを付けるなどして工夫する。（テキスト第3章p.185 ~ 186）

第18問 【正答】 ○

聴覚障害者は、雑音や残響音のあるところでは、音や言葉を聞きとりにくいことがあるため、**雑音や反響、衝撃音に配慮**した住環境整備が必要である。床材やテーブルが硬い場合は、音が響かないよう、じゅうたんやテーブルクロスを敷くなどして工夫する。（テキスト第3章p.190）

第19問 【正答】 ×

自閉症の場合、言葉の理解が遅れ、相手と意思疎通を図ることができないため、言語指示による聴覚情報よりも、写真やイラストなどを用いた**視覚情報によるコミュニケーション**を用いるほうが有用である場合が多い。（テキスト第3章p.196）

第20問 【正答】 ○

注意欠陥多動性障害では、7歳以前に、**多動性、衝動性、不注意**を特徴とする症状が現れ、それらの症状の程度により、**多動性‐衝動性優勢型、不注意優勢型、混合型**の3タイプに分けられる。学習障害が合併する場合が多く、不注意は思春期や成人期まで続くことがある。（テキスト第3章p.196）

第21問 【正答】 ○

居住サポート事業は、障害者総合支援法に基づく地域生活支援事業の相談支援事業の一つで、**精神障害者等の入居**に必要な調整などの支援を行う。他に「住宅確保要配慮者に対する賃貸住宅の供給の促進に関する法律の一部を改正する法律」による新たな住宅セーフティネット制度では、**精神障害者等の民**

間賃貸住宅などへの入居の円滑化事業を行っている。（テキスト第3章p.202）

第22問 【正答】 ○

　　住宅改修のアセスメントでは、移動動作や立ち座り動作、段差昇降動作、姿勢保持、排泄動作などの動作がどの程度できるのか、**動作が行われる場所や時間帯**をとらえる。さらに各動作が一人でできるのか、不安があるのか、何かにつかまったほうがいいのか、介助が必要かどうか確認する必要がある。（テキスト第4章p.206 ～ 208）

第23問 【正答】 ×

　　介護保険制度の利用前に住宅改修の相談があった場合は、福祉住環境コーディネーターは、**介護支援専門員に話をつなげる**ようにする。住宅改修事業者が話を進めて、住宅改修に限定してケアプランを作成すると、改修したが家族が介護に協力的でない、利用者は一人で動作を行う自信がないため利用されないなど、改修効果が得られないことがある。（テキスト第4章p.211）

第24問 【正答】 ×

　　ケアマネジメントでは、介護支援専門員はサービス提供者とともに**サービス担当者会議を開催**し、最も効果的なプランを立案する。福祉住環境コーディネーターは、サービス担当者会議に積極的に参加し、全体的な住環境整備プランを提案することが大切である。（テキスト第4章p.211）

第25問 【正答】 ×

　　相談援助における**個別化の原則**では、本人の「**できること**」や長所にも目を向ける**ストレングス**の視点をもつことが重要である。福祉住環境コーディネーターは、本人の価値観や、希望や意向などを十分に把握し、個別化された住環境整備を推進していく必要がある。（テキスト第4章p.214 ～ 215）

第26問 【正答】 ○

　　福祉住環境コーディネーターは、「**説明と同意**」を遵守することが重要であるが、本人の意向がはっきりせず、自分の意思をうまく伝えられない場合は、本人の権利を擁護し、意思・意向を代弁する**アドボカシー（権利擁護）**の機能が必要になる。（テキスト第4章p.218）

第27問 【正答】 ×

福祉用具貸与・販売事業所に、**2名以上配置**することが義務づけられているのは**福祉用具専門相談員**である。福祉用具専門相談員は、利用者が介護保険制度で福祉用具サービスを利用する場合、福祉用具が適切に使用されるよう、福祉用具の選定、調整、使用方法の指導、モニタリングなどによる助言・指導をする。（テキスト第4章p.229）

第28問 【正答】 ○

廊下の幅員が3尺モジュール（910mm）の場合でも、車椅子は廊下を直進することはできるが、廊下を直角に曲がる、居室へ出入りする際は、**廊下の有効寸法は850〜900mm**確保する必要があり、廊下の壁芯―芯距離は**1,000mm以上**必要となるため、新築や増築時の対応が必要になる。既存住宅の場合は、各室出入り口の開口有効寸法の拡張を行う必要がある。（テキスト第5章p.290）

第29問 【正答】 ×

設問による階段の寸法では、高齢者や障害者が昇降するには危険を伴う。階段は安全に昇降できるよう、住宅品確法（高齢者等配慮対策等級5、4）で規定している、勾配が6/7以下で、**蹴上げ寸法の2倍と踏面寸法の和が550mm以上、650mm以下**になるようにする。（テキスト第5章p.295）

第30問 【正答】 ×

介護保険制度における**福祉用具の給付対象**は、取り付けに**住宅改修工事を伴わず**、賃貸住宅の居住者でも一般的に利用に支障のないものとしている。天井取り付け型の**天井走行式リフト**は、工事を伴うため**対象外**となっている。（テキスト第6章p.370、p.391〜392）

空間補充問題

第1問 【正答】 ②

2014年（平成26）年の介護保険制度改正後に導入された、新しい総合事業の介護予防・生活支援サービス事業は、**要支援者**および**基本チェックリスト該当者**を対象として、介護予防ケアマネジメントをもとに、**市町村**が訪問型

サービスや通所型サービス、その他の生活支援サービスを提供する。（テキスト第1章p.27）

第2問 【正答】 ③

障害基本計画の概要に含まれている**安全・安心な生活環境の整備**では、住宅の確保、移動しやすい環境の整備など、**アクセシビリティ**に配慮した施設などの普及促進、障害者に配慮したまちづくりの総合的な推進など、障害者施策の基本的な方向が示されている。（テキスト第1章p.61 ～ 63）

第3問 【正答】 ①

加齢に伴い**筋力と平衡感覚機能が低下**すると、立位を保持する際に体幹動揺が大きくなり転倒しやすくなる。また円背の高齢者は**すり足**で歩く傾向がみられ、小さな段差でもつまずきやすくなり、異常姿勢や歩行障害も転倒や骨折の原因になる。（テキスト第2章p.103、p.106）

第4問 【正答】 ③

胸髄損傷者や頸髄損傷者で長時間車椅子に座っている場合、最低**1時間に1回**は**プッシュアップ**をして坐骨部の除圧をする。**プッシュアップ**ができない頸髄損傷者の場合、体幹側屈をして座位姿勢を変えるなどの方法で**坐骨部の除圧**を行う。（テキスト第3章p.163）

第5問 【正答】 ②

ヒト免疫不全ウイルス（HIV）の治療は、**抗HIV薬**によるウイルスのコントロールと免疫不全に伴う**日和見感染症**の予防と治療が中心となる。将来の**AIDS発症**や死亡、社会的立場に対する不安などにより**抑うつ**を生じやすくなるため、精神的なサポートが必要になる。（テキスト第3章p.180）

第6問 【正答】 ④

相談援助において、本人の**ニーズ**を引き出すことが重要である。**ニーズ**を引き出すためには、援助関係をつなぐ過程を重視し、本人が今置かれている状況と、それに伴う感情に近づきながら**本人を受容していく**作業が必要となる。（テキスト第4章p.218 ～ 219）

第7問 【正答】 ②

　玄関土間の上がりがまち段差を分割して段差を解消する場合、**踏台を設け**る。**踏台**の高さは、上がりがまち段差を**等分に分ける**寸法で設置し、**奥行きは400mm以上**とし、安全に昇降するため壁面に**横手すり**を取り付ける。（テキスト第5章 p.286 ~ 288）

第8問 【正答】 ④

　住宅で使用される建具は引き戸、開き戸などがあるが、高齢者や障害者には開閉動作がしやすく**引き違い戸が多く使用**されている。**3枚引き違い戸**は、玄関や浴室などで、介護が必要な場合や福祉用具を使用する場合によく使用される。（テキスト第5章 p.258）

第9問 【正答】 ③

　高齢者や障害者が廊下を移動する際は、通行幅員を確保する必要がある。介助歩行の場合、廊下の有効寸法は**1.5人分**を必要とし、自走用車椅子使用の場合、廊下を直角に曲がったり、居室へ出入りする際は、廊下の有効寸法は850 ~ 900mm必要で、廊下幅員は壁芯―芯距離で**1,000mm以上**必要となる。（テキスト第5章 p.290）

第10問 【正答】 ①

　照明スイッチは、**出入り口の脇と枕元の両方で操作できるスイッチ**やリモコンで点灯・消灯できるようにすると、高齢者や障害者には使用しやすい。照明スイッチの設置高さは、上肢に障害があり、腕を高く上げられない場合には、床面から**800 ~ 900mm**に設置する。（テキスト第5章 p.325 ~ 326）

第11問 【正答】 ④

　段差解消機は、概ね1m以内の段差があり、**スロープを設置することが困難な場合**に、玄関の上がりがまちや庭の掃き出し窓などに設置する機器で、要支援、要介護1の者は原則として介護保険の給付対象となっていない。**設置式**は、ピット（溝）に昇降機構がぴったり収まるため、数cmの段差も残らず、値段は高いが使い勝手の点で優れている。（テキスト第6章 p.371、p.388）

第12問 【正答】 ②

入浴台は、浴槽縁に台を掛けて設置し、座った姿勢で浴槽の出入りができるようにする福祉用具で、下肢に関節可動域の制限、痛み、筋力低下があり、**立位バランスが不安定な人**に適している。(テキスト第6章p.399)

第13問 【正答】 ④

つえの高さは、足先の斜め前方**150mm**の場所についたときに、**肘が30度ほど軽く曲がった状態**になるもの、または、その状態でつえの握り部が**大腿骨大転子の高さ**にくるものが適している。(テキスト第6章p.378)

第14問 【正答】 ③

視覚障害者で、視力低下の軽微な場合は、凸レンズ度数の大きい近用眼鏡、手持ち式拡大鏡や卓上式拡大鏡を使用するが、**弱視**や**ロービジョン**でさらに見えにくい場合は、眼鏡に小型の**単眼鏡を装着した弱視眼鏡**を使用する。(テキスト第6章p.409)

四択問題

第1問 【正答】 ③

① 不適切。住宅政策としての**高齢者の居住の安定確保**の取り組みは、1964（昭和39）年に開始された「**老人世帯向け特定目的公営住宅の供給**」が出発点。前年の1963（昭和38）年に制定された**老人福祉法**は、「福祉」の観点から特別養護老人ホームなどの**老人福祉施設の創設を規定**した法律。(テキスト第1章p.35～36)

② 不適切。**公営住宅で高齢者世帯と子ども世帯が近接して入居できる「ペア住宅」**の供給が1969（昭和44）年に始まった。1972（昭和47）年には、日本住宅公団（現・独立行政法人都市再生機構（UR都市機構））による公団賃貸住宅においても、ペア住宅の供給が行われるようになった。1975（昭和50）年には、60歳以上の高齢者を含む「**老人同居世帯向け公営住宅**」の供給が開始された。なお、1980（昭和55）年の「公営住宅法」の改正により、高齢者や身体障害者の公営住宅への単身入居が認められた。(テキスト第1章p.35～36)

③ 適切。1986（昭和61）年創設の「地域高齢者住宅計画策定事業」に基づ

く各市町村による「**地域高齢者住宅計画**」の策定、1987（昭和62）年開始の「**シルバーハウジング・プロジェクト**」（日常生活支援サービスの提供を併せて行う高齢者世帯向けの公的賃貸住宅の供給事業）がその代表例。（テキスト第1章p.36 〜 37）

④　不適切。民間ではなく地方公共団体などが賃貸する**公社賃貸住宅**で、新設の賃貸住宅におけるバリアフリー化など**高齢化対策仕様の標準化**が開始された。（テキスト第1章p.36 〜 37）

第2問　【正答】　④

①　適切。同大綱は「生涯を通じた安定とゆとりのある住生活を実現」するために、高齢者や障害者に対応したバリアフリー化の推進や高齢者対応住宅に向けたリフォームの促進、公的賃貸住宅における高齢者や障害者の入居の優遇などの施策を進めるとした。（テキスト第1章p.36 〜 38）

②　適切。「**住宅性能表示制度**」は共通のルールに基づき、住宅の基本性能（開始当初は9分野、2006〈平成18〉年度以降は10分野）について相互比較しやすくするとともに、指定を受けた**第三者機関（住宅性能評価機関）が客観的に評価**することで、評価結果の信頼性を確保することなどを目的とする。「高齢者等への配慮に関すること」も評価の対象となる基本性能の一分野である。（テキスト第1章p.36、p.38、p.42）

③　適切。2000年代には、日本の住宅政策において**高齢化対応が柱の一つ**として明確に位置づけられることになった。また「住生活基本法」により、日本の住宅政策は「**量から質**」へと大転換した。同法に基づき、国と都道府県は「住生活基本計画（全国計画、都道府県計画）」を策定し、おおむね5年ごとに見直しが行われている。（テキスト第1章p.36、p.38 〜 39）

④　不適切。改正された「**住宅セーフティネット法**」によって始まった新制度のうち、セーフティネット住宅に対する改修費融資を行うのは、**住宅金融支援機構**である。改修費融資は、国や地方公共団体からの改修費補助とあわせて利用できる。（テキスト第1章p.4、p.36、p.39 〜 40）

第3問　【正答】　④（ア・エ）

ア　適切。4つの喪失は高齢者の心理状態に多大な影響を与える。やり直しのきかない人生と4つの喪失体験とが重なると、危機感や絶望感が募り、苦しみを味わうことが多くなる一方で、人生の要所要所で心理的危機を乗

り越え、一つずつ課題を解決し、人格的活力を育んできている高齢者も確かに存在する。（テキスト第2章p.108）

イ　不適切。短期記憶を長期記憶にする過程において、情報を注意深く把握する能力（登録過程）と同じく、**整理して脳内に貯蔵する能力**（貯蔵過程）も**加齢とともに低下**する。さらに、長期記憶の内容を検索して取り出し（検索過程）、想起する能力も加齢とともに低下する。（テキスト第2章p.108～109）

ウ　不適切。**流動性知能のピークは20歳代**。一方、学習や経験によって蓄積された知識を積み重ねて育まれた、賢さや知恵の源である**結晶性知能は60歳ごろまで上昇**し、それを生涯維持し続ける人もいる。（テキスト第2章p.110）

エ　適切。健忘状態で生じる一時的なもの忘れは、新しい記憶を忘れる点で認知症と似ているが、場所や時間の認識は正確であり、他人との関係は崩れず、人格は保たれている。一方、認知症にみられるもの忘れは、時間や場所に関する周囲状況の判断力に異常をきたし、社会生活をするうえで人間関係に支障が出るなど、人格の崩壊としてとらえられる。（テキスト第2章p.110）

第4問　【正答】　③

①　不適切。「**外傷性骨折**」「**病的骨折**」「**疲労骨折**」の3つに分かれるのは**原因による分類**。**病状による分類**は、皮膚に損傷のない「**皮下骨折（単純骨折）**」と骨端が皮膚を破って空気に触れる「**開放骨折（複雑骨折）**」に分かれ、**折れ方による分類**は、ぼきっと折れて骨の連続性が完全に断たれる「**完全骨折**」と、一部に連続性が保たれたひびなどの「**不全骨折**」に分かれる。（テキスト第3章p.131～132）

②　不適切。高齢者に多い骨折のうち、**橈骨・尺骨**で起こりやすいのは、肘に近い近位端ではなく、手首に近い遠位端の骨折（**橈骨・尺骨遠位端骨折**）。（テキスト第3章p.132）

③　適切。整復には「徒手整復」と「牽引療法」があり、固定にはギプスや副子（そえ木）等を用いた「外固定術」と、手術により骨折部を修復して金属の釘やプレートなどで固定する「内固定術」がある。治療後は廃用症候群を防ぐため、早期に離床してリハビリテーションを開始する。（テキスト第3章p.132）

④　不適切。上肢骨折とは異なり、**大腿骨頸部骨折の場合は日常生活に支障が生じやすい**。住環境を整備するにあたっては、骨折側の股関節・膝関節の可動域の有無やその程度、筋力、疼痛の有無、歩行補助具使用の有無などの**移動能力にかかわる情報**を、退院時に理学療法士（PT）から得ておく必要がある。（テキスト第 3 章p.133）

第5問　【正答】　②（イ・ウ）

ア　不適切。**筋ジストロフィーは進行性の遺伝性疾患**。筋肉の機能に不可欠なたんぱく質の設計図となる遺伝子に変異が生じることで発症する。日本で最も多いのは、主に男児に発症するデュシェンヌ型ジストロフィー。なお、ジストロフィー（dystrophy）の原義は「栄養失調（異栄養）」。（テキスト第 3 章p.163 ～ 164）

イ　適切。**脊髄小脳変性症**の症状は両下肢・体幹の運動失調による**歩行中のふらつき**で始まり、経過とともに**歩行はより困難**になっていく。また、ろれつが回らなくなる失調性構音障害、手の震えといった上肢に運動失調なども現れる。脊髄小脳変性症患者の福祉住環境整備は、移動の能力に合わせて変えていく必要がある。（テキスト第 3 章p.165 ～ 166）

ウ　適切。**筋萎縮性側索硬化症**（**ALS**；Amyotrophic Lateral Sclerosis）の多くは40歳代以降に発症し、その症状は手指や足の力が弱くなることなどで始まる。2 ～ 3 年の経過で全身の筋肉が痩せて力が入らなくなり、息苦しさ、嚥下障害、構音障害などが現れ、やがて人工呼吸器の装着が必要となる。コミュニケーションが困難な場合は、ワープロ・パソコンや携帯用会話補助装置などを導入し、より重症になれば五十音表や眼球運動操作ワープロなどを利用して、眼球やまぶたの動きから患者との意思疎通を図ることになる。（テキスト第 3 章p.166 ～ 167）

エ　不適切。**脳性麻痺**（**CP**；Cerebral Palsy）は、**胎生期から新生児期の脳障害が原因**で、**運動機能に異常が生じる疾患**。重度の場合は運動障害に加えて、視覚・聴覚・構音障害などを合併することが多い。運動障害には、筋肉が拘縮して手足が動かない「痙直型」、本人の意思とは無関係に手足や首が動く「不随意運動型（アテトーゼ型脳性麻痺）」、ふらふらした状態になる「失調型」などがある。脳性麻痺患者の年齢層は幼児期から中高年まで広範囲にわたり、福祉住環境整備に期待されるものは個別的要素がかなり強い。（テキスト第 3 章p.167 ～ 169）

第6問 【正答】 ④

① 適切。内部障害は内臓などの機能が低下した状態であり、身体障害者福祉法（第4条、別表第5号および身体障害者福祉法施行令第36条）で規定された7つの障害の総称である。（テキスト第3章p.172）

② 適切。厚生労働省が行った「平成28年生活のしづらさなどに関する調査（全国在宅障害児・者等実態調査）」による。同調査によれば、2016（平成28）年の身体障害者手帳を所有する内部障害者は124.1万人（全体の28.9％）で、肢体不自由の193.1万人（全体の45.0％）について2番目に多く、その増加率が近年非常に高い。（テキスト第3章p.172）

③ 適切。内部障害は外見からわかりにくく、周りから理解されにくいため、内部障害者は心理的ストレスを受けやすい。また、体全体の機能も低下するため、内部障害者は疲れやすい傾向にある。（テキスト第3章p.173）

④ 不適切。**消化器ストーマや尿路ストーマの保有者はオストメイト**と呼ばれる。ストーマ（stoma）は手術でつくられた開口部、オストメイト（ostomate）は造瘻術を受けたことのある人を意味する。ストーマには**排泄をコントロールする機能がない**ため、排泄物を受け入れるパウチ（採便袋・採尿袋）と面板で構成される**ストーマ装具**が必要となる。（テキスト第3章p.179）

第7問 【正答】 ②（ア・ウ）

ア 適切。マンションリフォームマネジャーは1992（平成4）年度に建設省（現・国土交通省）の指導の下で創設された資格で、公益財団法人住宅リフォーム・紛争処理支援センターが資格試験を実施している。マンションリフォームマネジャーには、居住者に付加価値の高いリフォームを企画・提供するための業務推進能力が求められる。（テキスト第4章p.230）

イ 不適切。増改築相談員は、**公益財団法人住宅リフォーム・紛争処理支援センター**の企画する住宅リフォーム工事に関する専門知識を修得するための研修を終了し、**考査に合格したうえで同財団に登録された人**のこと。研修を受けるには、**住宅建築の実務経験が5年以上必要**（2023〈令和5〉年4月に「10年以上」から短縮）。また、2023〈令和5〉年4月からは名称が「**住宅リフォームエキスパート**」に変更されたが、当分の間は「**〈住宅リフォームエキスパート〉増改築相談員**」として、旧名称も併記されることになった。（テキスト第4章p.230～231）

ウ 適切。一般的に、戸建住宅の新築や改築は、設計から施工まで一括して

地元の工務店に発注することが多く、地域に密着しているので気軽に相談できるメリットもある。（テキスト第4章p.231）

エ　不適切。**ハウスメーカー**は、**戸建ての建設を主とする大手住宅メーカー**のこと。工場生産による規格化された部材で住宅を建設する。マンションやビルなどの大型建築はゼネコン（ゼネラル・コントラクター〈大手の総合建設業者〉）が請け負うのが一般的。（テキスト第4章p.231）

第8問　【正答】　④

① 適切。ケアマネジメントは、相談（出会い）→アセスメント（見立て）→ケアプラン（手立て）の作成→ケアプランの実施（介入）→モニタリング（見直し）の流れで進み、必要であれば再度アセスメントを行ってケアプランを立案するという一連のプロセスで実施される。（テキスト第4章p.204〜205、p.213）

② 適切。福祉住環境コーディネーターは「住環境を整備することで利用者の生活がこのように改善される」といった具体的な提言ができるよう、介護支援専門員や他のサービス事業者等とのしっかりした連携の下に、福祉住環境整備を進めていくことが重要である。（テキスト第4章p.211）

③ 適切。設問にあるようなトラブルを避けるためにも、住宅改修プランを立てる際には、家族との意見調整や費用面の相談を含めて、市町村担当職員との連携は必須である。（テキスト第4章p.212）

④ 不適切。**「福祉用具・住宅改修支援事業」**は任意事業で、すべての市町村で行われている訳ではなく、事業の有無については各市町村に問い合わせる必要がある。（テキスト第4章p.212）

第9問　【正答】　③（ア・エ）

ア　適切。寝室とトイレの間の動線は短く、階段がないほうが安全で望ましい。（テキスト第5章p.293〜294）

イ　不適切。**「吹き寄せ階段」は回り部分の180度を60度＋30度＋30度＋60度に割った4ツ割階段**。階段には従来の「回り階段」や「吹き寄せ階段」のほか、**「踊り場付き階段」「踊り場＋3段折れ曲がり階段」「直線階段」**などの形状があり、高齢者や障害者にとっては踊り場付きで勾配の緩やかな階段が最も安全といえる。（テキスト第5章p.293〜295）

ウ　不適切。2000（平成12）年施行の「住宅品確法」に基づく**「日本住宅性能**

「表示基準」の高齢者等配慮対策等級 **5・4** で示された階段の寸法は、**勾配が 6/7 以下**で、蹴上げの寸法の 2 倍と踏面の寸法の和は **550mm 以上、650mm 以下**で、蹴込み寸法（段鼻〈段板の先端〉と蹴込み板の間）を **30mm 以下**にして蹴込み板を設置するとしている。なお、5 段階の等級では 5 が推奨レベルで、基本的には 3 以上が求められる。（テキスト第 5 章 p.295、p.327）

エ　適切。住宅の階段での手すりの取り付け（両側または片側）は建築基準法施行令第 25 条で義務づけられ、手すりを取り付けたときの階段幅は建築基準法施行令第 23 条第 3 項で規定されている。（テキスト第 5 章 p.296）

第10問　【正答】　④

① 　適切。浴室は通常狭く、床はぬれて滑りやすいので、戸の開閉・浴室内の移動・浴槽への出入り・洗体・水栓金具の操作といった複雑な入浴行為を行うには、より高い動作能力が求められる。（テキスト第 5 章 p.306）

② 　適切。浴室の戸には 3 枚引き戸が望まれる一方で、スペースや出入り口の位置の制約により、3 枚引き戸が利用できるユニットバスは製品が限られている。（テキスト第 5 章 p.307）

③ 　適切。浴室の出入り口の段差を解消するには「洗い場床面へのすのこの設置」「出入り口に段差のないユニットバスへの交換」「洗い場床面のかさ上げとそれに伴うグレーチングの設置」といった方法がある。（テキスト第 5 章 p.307 ～ 308、p.327）

④ 　不適切。間口 1,600mm ×奥行き 1,200mm 程度では介助スペースが不足する。介助が必要なときの**浴室スペース**は、内法寸法で**間口 1,600mm ×奥行き 1,600mm 以上**あるのが望ましい。（テキスト第 5 章 p.308 ～ 309）

第11問　【正答】　④（ア・ウ）

ア　適切。例えば、出入り口の正面奥に浴槽があると、シャワーに向かって手すりを用いた歩行はできないが、出入り口の幅を広く確保でき、車椅子でも通りやすくなる。（テキスト第 5 章 p.309）

イ　不適切。内法寸法で間口 1,800mm ×奥行き 1,400mm の浴室スペースで、右側ないし左側に浴槽、シャワー水栓を出入り口正面奥に設置すると、**洗い場の横幅が 1,000 ～ 1,100mm 確保**できる。その結果、**入浴用椅子の側方に介助スペースを確保**できるので、洗体介助が容易になる。（テキスト第

5 章 p.309 〜 310）

ウ　適切。一般的に、高齢者や障害者に適した浴槽は、出入り動作が容易で安定した入浴姿勢が保てる和洋折衷式浴槽で、外形寸法で**長さ 1,100 〜 1,300mm**（溺死防止のため、浴槽に入ったときに足底が浴槽壁に届く長さが目安）、**横幅 700 〜 800mm、深さ 500mm** 程度のサイズが使いやすい。入浴姿勢からの立ち上がり動作の安定を図るためには縦手すりがあるとよい。なお、和式浴槽は深さがあって肩までつかれるが、長さはなく、洋式浴槽は長さがあって足を伸ばせるが、深さはない。（テキスト第 5 章 p.313）

エ　不適切。立ち座りや座位姿勢の保持を容易にし、洗体や洗髪動作を支援するための入浴補助用具として使われる入浴用椅子は、**一般的な入浴用の椅子よりも座面が高い。**（テキスト第 6 章 p.397）

第12問　【正答】　④

①　不適切。**入浴用リフトの吊り具**には、ベルト式よりも、体を包んで保持する**シート状のもの**や、シャワー用車椅子の椅子部分を取り外して吊り具とする**椅子式**を使用することが多い。（テキスト第 6 章 p.392 〜 393、p.401）

②　不適切。**シャワー用車椅子**は、**4 輪キャスタで小回りが利く。**キャスタ径が小さいので、浴室までの段差を解消し、浴室内での取り回しが可能であるか留意する必要がある。（テキスト第 6 章 p.401）

③　不適切。**ドレッシングエイドやリーチャーは整容・更衣動作**に関する自助具。長柄の先にフックがあり、物を引き寄せたり引っ掛けたりすることで、手の届きにくい衣類の着脱を補助する。カーテンや引き戸の開閉にも有効。洗いたい場所に手が届かない場合に用いられるのは**柄付きブラシ**。（テキスト第 6 章 p.402）

④　適切。環境制御装置の操作スイッチには「呼気・吸気スイッチ」、まばたきを感知する「光ファイバースイッチ」、軽く押すだけの「押しボタンスイッチ」などがあり、これらのスイッチにより、呼びベル、テレビ、室内照明、電話、エアコン、パソコンなどを操作する。（テキスト第 6 章 p.404）

第13問 【正答】 ③

① 不適切。**自立歩行の場合**はこのレイアウトで問題ないが、本問の意に沿わないうえ、**介助スペースが不足**している。（テキスト第5章 p.308）

② 不適切。**出入り口の正面に洗い場のある**浴室内レイアウトの例。介助者一人なら入浴用椅子前方または後方にスペースはあるが、2人での**介助スペースは不足**している。（テキスト第5章 p.309）

③ 適切。これなら入浴用椅子前方または後方と側面から二人で介助するスペースができる。（テキスト第5章 p.309）

④ 不適切。**介助が必要な場合**の浴室内レイアウトだが、②と同様、**2人で介助するにはスペースが不足**している。（テキスト第5章 p.309）

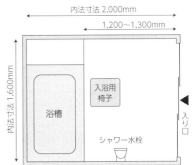

第14問 【正答】 ③

① 不適切。従来の回り階段で、現状のGさん宅の階段。踊り場がなく、回り部分で体を方向転換しながら昇降するのが危険なため、高齢者や介助が必要な人には一番よくないとされている。（テキストp.294）

② 不適切。踊り場＋3段折れ曲がり階段。下方に踊り場があるので一気に転落する危険性は少ないが、90度3つ割り部分では方向転換しながらの昇降で、改善が必要。（テキストp.294）

③ 適切。踊り場付き階段。**踊り場でひと休みでき、安全に体の向きを変えることができて、転落の危険性も少ない。**高齢者や介助が必要な人に最も適している。（テキストp.294）

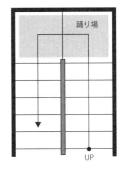

④ 不適切。吹き寄せ階段。従来の6つ割りではなく、4つ割りにして60度の段は平坦部分が広く方向転換しやすいが、踊り場付きに比べれば高齢者には向いていない。（テキストp.294）

第4回模擬試験　解答・解説

二択問題

第1問 【正答】 ○

高齢者のいる世帯の**持家率（82.1％）**は全世帯の持家率（61.2％）に比べて高いが、これらの住宅は、築年数が経っている住宅が多く、修理を必要とする個所が多い。住宅における高齢者のための整備状況を建築時期別にみた調査（国土交通省「令和3年度 住宅経済関連データ」）では、**高度にバリアフリー化された住宅は全体の6.56％**にとどまる。（テキスト第1章p.4）

第2問 【正答】 ○

介護保険法の改正に伴い、他に、段差の解消では「**傾斜の解消**」、引き戸などへの扉の取り替えでは「**扉の撤去**」などが**住宅改修費の支給**に追加されている。（テキスト第1章p.43）

第3問 【正答】 ○

「**高齢者向け返済特例制度**」では、リフォーム融資開始後に、生存中は利息のみを毎月返済し、借入金の元金は本人の死亡後に、相続人が融資住宅・敷地を売却するか自己資金などにより一括返済する**リバースモーゲージ**のしくみを用いている。（テキスト第1章p.44）

第4問 【正答】 ×

設問の**UR賃貸住宅**は、「**高齢者向け優良賃貸住宅**」のことである。他にUR賃貸住宅では、1階などに空き家が生じた住宅に、高齢者や障害者等向けに台所のコンロ台の高さの改善、浴槽と洗い場の段差の緩和、緊急通報装置の設置などを行う「**高齢者等向け特別設備改善住宅**」を整備している。（テキスト第1章p.46）

第5問 【正答】 ×

「**住宅内に手すりがある**住宅」が41.8％と最も多く、「**段差のない**屋内となっている住宅」、「またぎやすい高さの浴槽がある住宅」の順に多くなっている。

高齢者や障害者に配慮したバリアフリー設備のある住宅は増加しているが、車椅子生活への対応や入浴設備は十分とはいえず、今後の課題となっている。(テキスト第1章p.58)

第6問 【正答】 ×

ICFが政策面で活用される場合は、「パティキュラー（特定の）」でなく、「**ユニバーサル（障害者だけでなく高齢者なども含まれる）**」が重視される。どこでも、だれでも、自由に、使いやすい、といった**ユニバーサルデザイン**の考え方に基いた施設整備の実現をめざして、バリアフリー化の具体的な整備目標を定めている。(テキスト第1章p.72、第2章p.92)

第7問 【正答】 ×

2025年までに市町村のほぼ**中学校区**ごとに、地域包括ケアを実施するための**地域包括ケアシステム**を整えていくことが推進されている。地域包括ケアでは、地域包括支援センターを拠点に、高齢社会の進展に備え、医療・福祉・リハビリテーションなど、住民に必要なさまざまなサービスをきめ細やかに継続的に提供される。(テキスト第2章p.100)

第8問 【正答】 ○

高齢者は、視聴覚など感覚器でとらえた情報（感覚記憶）を①しっかりと把握して**登録**する**短期記憶**、②転送された内容を整理して**貯蔵**する**長期記憶**、③長期間貯蔵した内容を**検索**して取り出す**想起**の3段階とも能力が低下するため、一つずつ分割して内容を単純化して記憶するとよい。(テキスト第2章p.108 ～ 109)

第9問 【正答】 ×

脳血管障害で屋内の移動に車椅子を利用する場合、屋内歩行レベルより体幹・下肢の麻痺が重いことが多いため、上下肢の麻痺だけでなく下肢の**関節可動域が少ない**、あるいは**健側**の下肢の**筋力低下**が顕著なために、**立位や立ち上がりに困難**を生じる場合が多い。(テキスト第3章p.128)

第10問 【正答】 ○

廃用症候群では、設問のような場合以外にも、全身的な関節拘縮や筋萎縮

などがあり、自力で寝返りを打てない、尿や便の失禁があるなどの場合は、**褥瘡**ができやすい。筋力低下、股・膝関節の屈曲拘縮や**尖足**がある場合は、座る・立つなどの動作で介助負担が大きくなる。（テキスト第3章p.130）

第11問　【正答】　×

　骨折部の皮膚に損傷のない骨折は**皮下骨折**（単純骨折）である。**開放骨折**は、骨折端が皮膚を破って空気に触れる**複雑骨折**で、感染の危険性が高く、皮下骨折より治癒が遅れる傾向にある。骨髄炎を合併しやすく、ときには脂肪塞栓を合併することもある。（テキスト第3章p.131）

第12問　【正答】　×

　認知症の疾患は、**アルツハイマー型認知症**が約2/3と最も多く、続いて、脳血管性認知症、レビー小体型認知症の順に多くなっている。そのほか、慢性硬膜下血腫や脳腫瘍、正常圧水頭症、ピック病など脳の病気や外傷、感染症、内分泌・代謝性疾患による認知症などがある。（テキスト第3章p.134）

第13問　【正答】　○

　認知症で**徘徊**のある場合、安全性に配慮しながら本人の欲求を満たすことが大切であるが、外に出ないための工夫としてやむを得ない場合は、本人の目の届かない位置に二重ロックにする、夜は厳重な方法をとる、などの対応策がある。（テキスト第3章p.141）

第14問　【正答】　×

　関節リウマチは、家事や育児の役割を担う世代に多く発症するため、**自助具**の活用と住環境整備が必要になる。調理器具などは重いものは避け、軽い鍋やまな板、小さめの包丁など市販のものをうまく活用するようにする。（テキスト第3章p.145）

第15問　【正答】　×

　パーキンソン病の生活上の介護では、介助者は本人のADL・IADLを的確に評価し、介護は必要最小限にとどめ、本人が自分でできることは自分でしてもらうようにする。着替えや食事などは時間がかかっても、安易に手伝わず**見守り**、待つ姿勢が大切である。（テキスト第3章p.149）

第16問 【正答】 ○

　糖尿病では合併症の進行程度に応じた住環境整備が必要となる。**視力障害**により物が見えにくくなった場合、日常生活における動線上の**段差は解消**し、部屋全体を明るくする照明器具と局所照明を使用し、常に**明るさを確保**することが大切である。（テキスト第3章p.152）

第17問 【正答】 ×

　心筋梗塞で**カテーテル**により冠動脈を拡大する治療では、**バルーン療法**と**ステント療法**があり、設問はステント療法である。バルーン療法は、冠動脈にバルーン（風船）を付けたカテーテルを挿入し、狭窄部でバルーンを膨らませて、血管の内腔を拡大する治療法である。（テキスト第3章p.153）

第18問 【正答】 ×

　頸髄損傷や**胸髄損傷**では、**感覚障害**が起こるため、ぶつける可能性のある箇所にはクッション材を付け、台などの隅は面取りをするなど配慮する。車椅子には必ずクッションを使用し、浴室では温度調節機能付きの給湯器、サーモスタット付き水栓金具を設置するなどの配慮が必要である。（テキスト第3章p.163）

第19問 【正答】 ○

　筋萎縮性側索硬化症（**ALS**）の進行の中期では携帯用会話補助装置などを導入する。後期では、座位保持が困難になるため、**リクライニング式の車椅子**、**移乗機器、ハイアンドロー（高さ調節）機能付き特殊寝台**の導入を検討する。人工呼吸器を装着した場合は、**環境制御装置**の導入も検討する。（テキスト第3章p.167）

第20問 【正答】 ×

　両側大腿切断では、外出時は義足を装着するが、自宅では義足を外して、両手で床上移動するか、**切断者用車椅子**（自走用標準形車椅子のフットサポート、レッグサポートを外し、駆動輪の車軸を後方にずらした車椅子）で移動する人が多く、室内は車椅子で移動や移乗できるように住環境整備を行う。（テキスト第3章p.171）

第21問 【正答】○

　慢性呼吸不全で安定した状態にある患者には、家庭で酸素吸入ができる HOT が行われている。**液体酸素装置は液体酸素を少しずつ気化させて気体の酸素を供給し、酸素濃縮装置は部屋の空気を取り込んで窒素を除去し酸素を濃縮して供給する。**酸素吸入装置は、火気から 2 m 以上離れて使用するようにする。(テキスト第 3 章 p.176)

第22問 【正答】×

　設問の病気は、**網膜色素変性症**である。**糖尿病網膜症**は、糖尿病の 3 大合併症の一つで、高血糖が続くことにより、網膜の毛細血管の壁が変性し、閉塞・破れたりすることで視力低下が起こる。物がかすんだり、視野にごみのようなものがちらついて見えたりする。(テキスト第 3 章 p.184)

第23問 【正答】○

　聴覚障害者の場合、非音声情報が伝わりやすくなるよう、**視覚面の配慮が必要**になる。不要な仕切りは外して全体を見通せるようにするなど、できるだけ生活空間のなかに見えない場所を少なくし、照明はすぐ点灯できるようリモコンやひもスイッチにするなど工夫する。(テキスト第 3 章 p.190)

第24問 【正答】×

　統合失調症や**躁うつ病**は、**内因性**精神障害に含まれ、原因は不明だが、遺伝素因が関与して脳機能が障害されて起こると考えられている。**外因性**精神障害は身体の疾患がもとになって脳機能が障害されて起こり、**心因性**精神障害は心理的ストレスが原因となって生じる。(テキスト第 3 章 p.200)

第25問 【正答】×

　パターナリズム(父親的温情主義)の関係性に強く拘束されると、「**援助される側**」が「**援助する側**」に依存してしまいがちになる。福祉住環境コーディネーターは、パターナリズムの関係性に陥ることなく、本人の自己決定を促し、本人との協働作業に取り組むことが求められる。(テキスト第 4 章 p.215)

第26問 【正答】×

　設問で説明しているのは、言葉を用いない「**ノンバーバルコミュニケーショ**

ン」であり、**感情の伝達**に重要な手段となる。言語を用いた「バーバルコミュニケーション」は、声量、スピード、声の質、発音、沈黙などがコミュニケーションの内容に影響を与える。（テキスト第4章p.220）

第27問 【正答】 ○

　作業療法士は、利用者のニーズに合わせて、食事や入浴、排泄などの動作訓練・作業訓練を行うため、利用者は利用者に適した**福祉用具**や**住宅改修**の効果などについて**助言・指導**を受けることができる。理学療法士の場合には、生活動作の改善に必要な福祉住環境の助言を受けることができる。（テキスト第4章p.226）

第28問 【正答】 ×

　家族は、本人の生活動作の方法や自立度を詳細に把握していることは少なく、**福祉住環境整備の相談**は、できる限り**本人の立ち会いのもと**で行う必要がある。本人が入院中であれば、病院に出向いて、体調が悪い場合は、改めて本人に立ち会ってもらうことも検討する。（テキスト第4章p.232）

第29問 【正答】 ×

　寝室で**車椅子**を使用する場合、1人用の寝室では**8畳**程度は必要である。ベッドや収納家具、テレビなどを置いた場合、8畳の広さでは最少限度の車椅子の移動スペースしか確保できないため、ベッドの配置や車椅子への移乗スペース、介助スペースなどを予め検討する必要がある。（テキスト第5章p.324）

第30問 【正答】 ○

　標準形電動車椅子の肘当ての前方には、ジョイスティック、電源スイッチ、バッテリー残量計、速度切り替えスイッチからなる**コントロールボックス**が装備されている。**顎**や**足部**などで操作可能なようにコントロールボックスを設置できるため、脳性麻痺、進行性筋ジストロフィー、頸髄損傷、関節リウマチなど、歩行が困難なうえ**上肢機能に障害**がある場合にも有効である。（テキスト第6章p.386）

第1問 【正答】 ④

　厚生労働省によると、要介護・要支援者のおよそ**2人に1人**は、何らかの介護、支援を必要とする**認知症高齢者**であるといわれ、今後も増加が見込まれている。介護保険制度では、**認知症高齢者**を対象とした**認知症高齢者グループホーム**を制度化している。（テキスト第1章p.3、p.51）

第2問 【正答】 ②

　2000年（平成12）年度から医療保険制度では、**ICF**の考え方に基づいた**リハビリテーション総合実施計画書、リハビリテーション実施計画書**を作成することが算定要件とされ、2003年（平成15）年度から介護保険制度のリハビリテーション給付においても算定要件として導入されている。（テキスト第2章p.94）

第3問 【正答】 ③

　聴覚障害の難聴は、耳から大脳に至るまでの経路のどこかに機能低下が生じることによって起こる。その一つの**伝音難聴**は、**耳介から蝸牛までの経路**に障害があり、音が十分に蝸牛に伝わらないことで起こる。（テキスト第3章p.186）

図9●聴覚の音の伝わる経路

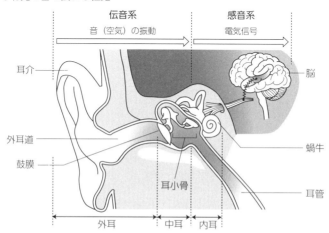

第4問　【正答】　①

　認知症の**中核症状**は、脳の神経細胞が減少して生じる症状で、記憶障害を中心に、時間や日付、場所、人物などがわからなくなる**見当識障害**や、筋道を立てて考えたり、善悪、可否などが決められなくなったりする**判断力の障害**などがある。（テキスト第3章p.134）

第5問　【正答】　③

　福祉住環境コーディネーターは、高齢者や障害者の退院・退所時に現地調査を行う場合、病院の**MSWと連携**して調整の役割を担うことが多く、その際、介護支援専門員や、自治体などの助成や補助制度の利用予定があるときは**在宅介護支援センターの相談員**などに同行を依頼する。（テキスト第4章p.240）

第6問　【正答】　②

　福祉住環境整備の現場確認では、整備予定の場所の採寸を行う。窓の高さを採寸したり、縦手すりを取り付ける際は、高さ関係を見るために**展開図**を作る。採寸の必要があるかないか不明な部分は、写真を撮っておくようにする。（テキスト第4章p.240）

第7問　【正答】　③

　立位でのまたぎ越しや座位で浴槽へ出入りする場合、浴槽の底に足が届いた状態で出入りできるよう、浴槽縁高さは**400〜450mm程度**に設置する。標準的な**和洋折衷式浴槽**の深さは500mm程度であり、浴槽縁高さを**400〜450mm程度**にすると、洗い場と浴槽底面の高低差が低く抑えられ、浴槽の出入り動作がしやすくなる。（テキスト第5章p.312）

第8問　【正答】　④

　高齢者は**視機能の低下**がみられ、色彩計画は慎重に検討する。居間などでは壁面の一部やカウンター、ドア、手すりなど、小さな部分に利用者の好みの**明るい色**を使用したり、毎日使用するトイレや洗面・脱衣室などは壁面全体を**明るい色調**で仕上げるなどの工夫をする。（テキスト第5章p.267）

第9問　【正答】　①

　建物の図面は、描き表す内容に応じて縮尺が異なり、**分母の数字が小さい**

ほど詳細な図面になる。住宅の平面図の縮尺は、**1：50、1：100**で描かれることが多く、できる限り推奨尺度を用いるようにする。（テキスト第5章p.334～335）

第10問　【正答】　②

高齢者や障害者が屋内を移動する際は、床面は転倒防止と、転倒したときにけがをしないように、滑りにくく、ある程度**弾力性のある仕上げ**とする。**つえ歩行**の場合、歩行音や衝撃音を吸収する**タイルカーペット**のような床仕上げとする。（テキスト第5章p.291）

第11問　【正答】　④

静止型マットレスは、マットレスと身体の接触面積を増加させることで、身体の荷重を分散させて体圧を減少させる**床ずれ防止用具**で、体圧を分散させるため**柔らかく**、寝返りや起き上がりなどの動作が難しいため、利用者の自立動作を妨げないようにして使用する必要がある。（テキスト第6章p.374）

第12問　【正答】　②

介護保険制度では保険給付の対象となる福祉用具として、貸与では13種目、販売では5種目が定められているが、**自動排泄処理装置**は、要支援1・2、要介護1～3の人については原則として給付の対象となっていない。なお、車椅子、車椅子付属品、特殊寝台、特殊寝台付属品、床ずれ防止用具、体位変換器、移動リフト、認知症老人徘徊感知機器は、軽度者（要支援1・2および要介護1）については、原則として保険給付の対象とならない。（テキスト第6章p.359～360）

第13問　【正答】　④

歩行車は、フレームの中に立って手のひらや前腕部で支持して操作する福祉用具で、段差の多い住宅内では操作が難しく、**つえ**に比べ方向転換にスペースが必要であるため、在宅では使用環境を確認する必要がある。（テキスト第6章p.379～381）

第14問　【正答】　③

ドレッシングエイドは、整容、更衣動作の際に使用する**自助具**で、長柄の

先にフックがあり、靴下など手の届きにくい衣類の脱ぎ着の補助や、物を引き寄せたり引っかけたり、カーテンや引き戸の開閉などに用いる。（テキスト第6章p.402 ～ 403）

【四択問題】

第1問 【正答】 ④

① 不適切。日本で行われている高齢者の居住の安定確保のための施策は、「高齢者の自立や介護に配慮した自宅などの**住まいの環境整備**」「高齢者の**賃貸住宅への入居の円滑化**や住み替え支援などにかかる取り組み」「多様化する**ライフスタイルやライフステージに対応した住まいの供給**」「**高齢者住宅・施設の供給**」の4つに大別される。（テキスト第1章p.40 ～ 41）

② 不適切。「高齢者が居住する住宅の設計に係る指針」（2001〈平成13〉年制定）は、高齢者が居住する住宅について、移動等に伴う転倒・転落の防止のための措置や、介助用車椅子使用者が基本的な生活行為を行うことを容易にするための措置など、加齢などに伴い**身体機能が低下した場合でも快適に住み続けられる**ように、一般的な住宅での**設計上の配慮事項**を示したもの。なお**住宅性能**については、1999（平成11）年制定の「**住宅品確法**」**によって表示が制度化され（日本住宅性能表示基準）**、「**高齢者等への配慮に関すること**」という区分も設けて、高齢者等への必要な対策の講じられ方の評価を、5段階の等級で示している。（テキスト第1章p.41 ～ 42）

③ 不適切。**シルバーハウジング**は、1987（昭和62）年に制度化された「**シルバーハウジング・プロジェクト**」によって供給される**公的賃貸住宅**（公営・UR・公社）のこと。高齢者に配慮した設備・仕様の住宅と附帯施設の供給に加え、**生活援助員（LSA）による**安否確認や緊急時の対応などの**日常生活支援サービス**が提供される。入居できるのは60歳以上の高齢者で、単身または夫婦などの世帯（事業主体が認めた場合は障害者も入居可能）。なお、老人福祉法の規定する高齢者福祉施設（第5条の3。条文では「老人福祉施設」）は、老人デイサービスセンター（介護保険上の「指定通所介護事業所」）、老人短期入所施設（同、「指定短期入所生活介護施設」）、養護老人ホーム、特別養護老人ホームなどの7施設である。（テキスト第1章p.50）

④ 適切。「サービス付き高齢者向け住宅」は、原則25m²以上の床面積を有し、各居住部分に便所・洗面設備等が設置され、バリアフリー化された住宅で、

サービス面では最低でもケア専門家による状況把握（安否確認）や生活相談サービスが提供される。入居できるのは60歳以上の高齢者（または介護保険制度の要介護・要支援認定を受けた人）で、単身または夫婦などの世帯。2011（平成23）年の「高齢者住まい法」改正で、「サービス付き高齢者向け住宅」の登録制度が創設された。これにより従来の「高齢者円滑入居賃貸住宅」「高齢者向け優良賃貸住宅」「高齢者専用賃貸住宅」の3つの認定制度は廃止された（ただし廃止後も、引き続き「高齢者向け優良賃貸住宅」と呼んでいる既存の住宅もある）。（テキスト第1章p.49 ～ 50）

第2問 【正答】 ③

①　適切。ケアハウスは軽費老人ホームC型として創設されたもので、60歳以上の高齢者を対象にした「一般（自立）型」と、65歳以上で要介護度1以上の高齢者を対象にした「介護型」がある。「一般型」では食事や入浴等の生活サービスや生活相談サービスなどが受けられる。入居に際し、軽費老人ホームA型やB型が所得制限や自炊を原則とするなど一定の制約を設けているに対し、「一般型」のケアハウスにはこのような制約はない。現在、軽費老人ホームはケアハウスへの一元化が進められており、原則としてA型・B型は既存施設のみ。（テキスト第1章p.51）

②　適切。地価などを配慮して、都市型軽費老人ホームでは従来の軽費老人ホームよりも設備基準や職員配置基準が緩和されている。（テキスト第1章p.51）

③　不適切。**有料老人ホームは、老人福祉法**（第29条）**に基づく高齢者施設**であり、「入浴・排泄または食事の介護」「食事の提供」「洗濯・掃除等の家事」「健康管理」のうち、**少なくとも一つのサービスを提供する。**「介護付（一般型特定施設入居者生活介護）」「介護付（外部サービス利用型特定施設入居者生活介護）」「住宅型（サービスは生活支援など）」「健康型（サービスは食事など。要介護状態になれば退去）」のタイプがあり、現在は「介護付（一般型特定施設入居者生活介護）」と「住宅型」が主流。（テキスト第1章p.51）

④　適切。認知症高齢者グループホームは、老人福祉法（第5条の2第5項など）に規定される高齢者施設で、介護保険上は「認知症対応型共同生活介護」として位置づけられている。「日常的な生活の場の創出」や「日常生活の継続」に重点を置きながら、認知症の症状を緩和し、生活の質の向上を図ることをめざす。（テキスト第1章p.51 ～ 52）

第3問 【正答】 ④（ア・エ）

ア　適切。「身体障害者向け特定目的公営住宅」は、1971（昭和46）年から「心身障害者世帯向公営住宅」として供給され、その設計に際しては、障害者の生活に配慮をするよう、建設省（現・国土交通省）が通達を出した。これを契機に、通常構造のままの公営住宅供給から車椅子対応の公営住宅供給に変わる道筋が開かれた。（テキスト第1章p.70 ～ 71）

イ　不適切。「高齢者住まい法」ではなく**住宅セーフティネット法**（住宅確保要配慮者に対する賃貸住宅の供給の促進に関する法律）が**改正**されたのが**2017（平成29）年**（同年施行）。なお、2018（平成30）年には「ユニバーサル社会の実現に向けた諸施策の総合的かつ一体的な推進に関する法律（ユニバーサル社会実現推進法」が制定・施行され、バリアフリー法が改正された。バリアフリー法は2020（令和2）年にも改正されている。（テキスト第1章p.70、p.73）

ウ　不適切　**「シルバーハウジング」は「シルバーハウジング・プロジェクト」によって供給される公的賃貸住宅**（公営・UR・公社）であり、事業主体の長が特に必要と認める場合に、障害者世帯の入居も可能になる。なお、「サテライト型住居」は、グループホーム（本体住居）との密接な連携（入居者間の交流が可能）を前提に、1人暮らしに近い形態として創設された仕組みであり、グループホームの一形態として類型化されることもある。また「福祉ホーム」は、障害者支援福祉法に基づいて市町村等が行う任意の地域支援事業として位置づけられている。（テキスト第1章p.50、p.78 ～ 79）

エ　適切。グループホーム（共同生活援助）は、障害者総合支援法（第5条第1項）に規定された障害福祉サービスの一つで、障害者（難病患者を含む）が世話人等の支援を受けながら共同生活を営む場（地域のアパート・マンション・一戸建てなど）のこと。そのサービス内容は同法第5条第17項に規定される。なお、日中サービス支援型（日中サービス支援型指定共同生活援助）は、2018（平成30）年度に創設された新たなグループホームの形態で、24時間の支援体制が確保されている。（テキスト第2章p.78 ～ 79）

第4問 【正答】 ③

①　不適切。**先天的障害には**、染色体異常によるダウン症のように**原因を特定できるもの**と、**原因をはっきり特定できないもの**があり、母体の代謝異常や薬害などが影響して障害が生じることもある。周産期は、妊娠満22週

から出産後満7日未満の期間をいう。障害が現れる時期は病気の種類や原因によって異なり、骨形成不全のように、胎児の段階で何らかの障害が現れるものもあれば、二分脊椎（脊椎の癒合不全で一部が開いた状態になり、脊髄が脊椎に覆われなくなる）のように、その後の成長過程で障害が顕在化するものもある。（テキスト第2章p.113）

② 不適切。**後天的障害は**、生まれた時点では障害やその原因となる疾患をもたなかった人が、その後の**人生の途上で障害をもつこと。中途障害**ともいう。突発的な事故による受傷、脳梗塞や心臓病などによる後遺症、関節リウマチやパーキンソン病など進行性の疾患による障害の顕在化などによって生じる。後天的障害は人生のどの段階でも、すべての人に生じる可能性がある。（テキスト第2章p.113）

③ 適切。家庭という限られた環境での生活が続くと、支援の必要性が顕在化せず、親子間の閉塞された関係が長期化すると、共依存に陥り、社会性が低下する懸念もある。成長発達段階における障害は、常に適切な支援を受け、成長発達を促しながら二次的障害を予防し、社会参加の機会を拡大することが大切である。（テキスト第2章p.114）

④ 不適切。設問前段の記述は誤り。脳卒中の後遺症として片麻痺と高次脳機能障害を併発したり、先天性の肢体不自由に加えて知的な遅れが生じる場合など、**単一の原因疾患で複数の障害が生じることは少なくない。**二つ以上の障害を有することを**重複障害**という。（テキスト第2章p.116）

第5問 【正答】 ②（ア・ウ）

ア 適切。大脳が担う機能のうち、注意・言語・記憶・思考・認知・推論・学習・行為などの複雑な精神活動を高次脳機能という。高次脳機能障害が生じる原因には、脳血管障害、交通事故などによる外傷性脳挫傷、低酸素脳症、脳炎、脳腫瘍などがある。厚生労働省の「平成28年生活のしづらさなどに関する調査（全国在宅障害児・者等実態調査）」（2016年）によると、高次脳機能障害と診断された人は32万7,000人。（テキスト第3章p.193）

イ 不適切。**高次脳機能障害の症状は**、外見からは見えにくく、**本人自身も障害があることを認識していないことが多い。**高次脳機能障害の症状としては「注意障害」「記憶障害」「遂行機能障害」「社会的行動障害（行動と情緒の障害）」「失語」「失行（道具がうまく使えなくなる）」「失認」「半側空間無視（脳損傷した側の反対の空間に意識が向かない）」「身体失認（身体に麻

痺があっても自覚できない）」が挙げられる。高次脳機能障害のある人は、新しい環境には適応しにくい。（テキスト第3章p.193 ～ 195）

ウ　適切。「発達障害者支援法」（第2条第1項、支援法施行令第1条など）は、発達障害を「**自閉症、アスペルガー症候群**その他の**広汎性発達障害、学習障害、注意欠陥多動性障害**その他**これに類する脳機能の障害**」であって、通常**低年齢において発現する言語の障害、協調運動の障害、心理的発達の障害**ならびに**行動・情緒の障害**と定義している（米国精神医学会の「精神疾患の診断と統計マニュアル」第5版（DSM-5）は、自閉症・アスペルガー症候群・広汎性発達障害の3つを「自閉スペクトラム症（ASD）」と総称）。厚生労働省の「平成28年生活のしづらさなどに関する調査（全国在宅障害児・者等実態調査）」（2016年）によると、発達障害と診断された人は48万1,000人。（テキスト第3章p.195）

エ　不適切。**学習障害（LD）**は、**基本的に知能的な遅れはないものの、**「聞く」「話す」「読む」「書く」「計算する」「推論する」のうち、**ある特定の能力の取得と使用に著しい困難を示すさまざまな状態**のこと。設問にある、一定の時間じっとしていることができないといった**多動性**、突発的な行動を起こしがちな**衝動性**、集中力が持続できないといった**不注意**が現れるのは、**注意欠陥多動性障害（ADHD）の特徴**。ただし、**LDとADHDは重複して現れることが多い**。（テキスト第3章p.196 ～ 197）

第6問　【正答】　④

① 適切。知的障害の特徴は、知的機能が明らかに平均より低く（知能指数〈IQ〉が概ね70以下〈IQの平均値は85 ～ 115〉）、適応技能に問題があり、18歳以前に発症していること。染色体異常（ダウン症候群）など原因疾患が特定できるものもあるが、原因不明のものも多い。知的障害は何らかの特別な援助を必要とする状態であり、知的障害と認定されると自治体から養育手帳（「愛の手帳」「みどりの手帳」等）が公布され、各種料金の免除などが受けられる。（テキスト第3章p.198）

② 適切。このほかに、知的障害への福祉住環境整備では運動障害などに伴う転倒を防止することも大切で、床にものを散らかさないことも転倒防止策になる。また、理解しにくい時間の流れを感覚的にとらえられるように、砂時計や、時間経過を示して予定を伝えるタイムエイドのような時計を活用するのも有効である。（テキスト第3章p.199）

③　適切。病因による３つの分類のうち、「外因性精神障害」には脳炎や脳の外傷など脳そのものの病気で起こる「器質性精神障害」と、バセドウ病や肝臓病など脳以外の病気で二次的に脳が障害される「症状性精神障害」、アルコールなどによる「中毒性精神障害」がある。また、「内因性精神障害」には統合失調症と躁うつ病が含まれる。なお、WHOの「国際疾病分類（ICD）」や米国精神医学会の「精神疾患の診断と統計マニュアル（DSM）」）では、病因を考慮せず、症状と経過から操作的に精神障害を分類する方法をとっている。（テキスト第３章p.199 ～ 200）

④　不適切。身体障害者や高齢者と比較すると、**精神障害者には特定目的の福祉住環境整備は必要としないケースが多く**、住宅構造としては段差の解消や一般的なバリアフリーへの配慮で十分対応できる。ただし、**幻聴がみられるときは、静かで落ち着いた環境の確保**が求められる。精神障害者にとっての大きな課題は「住宅の確保」と「地域生活の継続」であり、地域で暮らし続ける精神障害者の支援に不可欠な「医、職（業）、住、仲間」を充実させる取り組みへの参画が、福祉住環境コーディネーターにも望まれる。（テキスト第３章p.201 ～ 202）

第７問　【正答】　②（ア・ウ）

ア　適切。福祉住環境コーディネーターの活動では、あらゆる場面で「相談援助」に関する知識や技術が求められる。（テキスト第４章p.214）

イ　不適切。「個別化」の内容として、「できないこと」だけでなく、**「できること」や強み、長所にも目を向け、総合的に対象者を把握**することが重要。福祉住環境コーディネーターによる住環境整備には、「できないこと」を補完する側面だけでなく、「できること」の肯定的な側面に着目してこれを活用し、全体として強化することが求められる。（テキスト第４章p.214 ～ 215）

ウ　適切。相談援助では、**対象者本人が自分のニーズに気づく**ことが重要。援助者が「ニーズを聞き出す」のではなく「ニーズを引き出す」、つまり本人との協働作業の中で、本人が自分のニーズを明確にできるように働きかけることが大切である。（テキスト第４章p.218 ～ 219）

エ　不適切。**援助者が熱心さや親切さをもって対象者に接することだけで、信頼関係に基づく援助関係が結べるわけではない**。「対象者と支援者が同じ空間で『一緒にいること』」「対象者のありのままを受け入れること（受容）」「対象者の感情にアプローチすること」「対象者の話をしっかり傾聴し、正

確に応答していくこと（会話の有効活用）」「対象者との協同作業を大切にすること」の５つは、信頼関係に基づく援助関係を結ぶための専門的視点である。（テキスト第４章p.216〜217）

第８問 【正答】 ②

① 適切。専門職の業務上に課せられる守秘義務（「秘密保持の原則」）は、対象者のプライバシー保護の観点からも重視される。個人情報の漏洩が、援助に不可欠な信頼関係を壊すという深刻な事態を招くことも認識すべきである。（テキスト第４章p.217）

② 不適切。守秘義務はあらゆる専門職に求められるものであり、**福祉住環境コーディネーターにも「秘密保持の原則」は適用される**。福祉住環境コーディネーターのように、他の関係者との連携が求められる場合は、「**業務上知り得たことを協同・連携にかかわる者以外には漏らさない**」ということになる。（テキスト第４章p.217）

③ 適切。家族や親戚、地域住民、組織や団体のサービスといった地域に存在する資源を最大限に活用し、対象者のニーズとマッチするか否か見極めて、対象者本人が納得のいく今後の生活の場所やあり方を見つけることが、相談援助では重要といえる。（テキスト第４章p.217〜218）

④ 適切。たとえば、浴室の改修は介護のあり方を変える。また、手すりを取り付けることで対象者の行動範囲に変化が及び、そこから派生して人間関係や生活意欲に変化をもたらすことにもつながる。さらに外出しやすい住環境は、近隣住民との関係にも影響を与える。（テキスト第４章p.218）

第９問 【正答】 ③（ア・エ）

ア 適切。「説明と同意」は、自己決定を促す支援とも深く関係している。認知症や知的障害などのため自己決定が困難な場合は、対象者とともに家族や成年後見人等を交えて、話を進めていくことが重要となる。（テキスト第４章p.218）

イ 不適切。**アドボカシー**（advocacy）は、自身の意思や意向をうまく伝えることができない対象者に代わって、**援助する側が対象者の意思や権利を代弁すること**。「**権利擁護**」と訳される。（テキスト第４章p.218）

ウ 不適切。相談面接では、**相談者との目線をできるだけ水平に近づけて話す**ことが大切で、相談者が車椅子に乗っていたり、ベッドで横になっている

ときなどは特に配慮を要する。また、**互いに真正面から視線を合わせる位置関係だと、相談者に圧迫感を与えることが多いので**、左右どちらかに椅子をずらして座るなどの配慮も必要である。(テキスト第4章p.219 ~ 220)

エ　適切。感染症の大規模流行下では、リモートでも可能な業務は積極的にリモートを活用すべきである。福祉住環境整備において、どうしても住宅訪問が必要な場合は、体調管理とともに、手指の消毒、マスクの着用、少人数・短時間の訪問などの感染症対策を講じたうえで行う。ソーシャルディスタンスのとりにくい対象者の動作確認や狭い空間での現地調査、対象者の同席する現場での調整などでは、特に注意を要する。(テキスト第4章p.221)

第10問　【正答】　③

① 適切。トイレの環境整備は、それを必要とする対象者にとっては自立生活への第一歩であり、介助者にとっては介助軽減にもつながる。トイレでの排泄の維持継続は、生活の質(QOL)の維持や、対象者本人の意欲低下を防ぐ意味もある。(テキスト第5章p.297)

② 適切。便器側方および前方の両方に介助スペースを確保したトイレは、3尺モジュールの木造住宅構造では、内法寸法で間口1,350mm×奥行き1,350mmとなる。なお、標準的なトイレスペースは内法寸法で間口750mm×奥行き1,200mm程度。(テキスト第5章p.298)

③ 不適切。車椅子を使ってトイレを利用するとき、便器へのアプローチ方向で**最も多い**のは、便器の側方または斜め前方から車椅子を便器に近づける**側方アプローチ**。側方アプローチによる標準的なトイレスペースは、**内法寸法で間口1,650mm×奥行き1,650mm**。便器の正面から入る**前方アプローチ**では、便器の前方に標準的な車椅子の全長にあたる**1,100mmのスペースが必要**で、トイレの**奥行きは1,800mm必要**となる。(テキスト第5章p.299)

④ 適切。トイレでの立ち座り用の縦手すりは、身体機能の低下とともに便器から離れる方向に移動させ、低い位置にあるほうが使いやすくなる。(テキスト第5章p.300)

第11問　【正答】　①（ア・イ）

ア　適切。基本設計図は平面図だけのときもあるが、平面図のみでは十分で

ない場合は、断面図や透視図（パース）などの立体的な図による検討も行う。（テキスト第5章p.329、p.331）

イ 適切。基本設計図が建築主と設計者の打ち合わせが目的だとすると、実施設計図は設計者が施工者に指示するためのものといえる。（テキスト第5章p.329 ～ 330、p.332）

ウ 不適切。建築図面で用いられる線の太さは、**実線が「太い」「中間」「細い」の3種類、破線と一点鎖線が「中間」「細い」の2種類**。図面をわかりやすくするために、表すものによって線の種類と太さを変えるのが一般的である。（テキスト第5章p.333 ～ 334）

エ 不適切。平面図で用いられる**表示記号は、基本的にJIS（日本産業規格）**が用いられている。IECは国際電気標準会議(International Electrotechnical Commission) の略称で、電気や電子技術分野での国際規格の作成する機関であり、建築とは無関係。（テキスト第5章p.335 ～ 337）

第12問 【正答】 ②

① 不適切。義肢や車椅子など、**障害者等の身体機能を補完・代替し、長期間にわたり継続して使用**する用具は、障害者総合福祉法で「**補装具**」として規定されている（第5条第25項）。（テキスト第6章p.411）

② 適切。義手には外観を補う「**装飾用義手**」と、動かすことを目的とする「**能動義手**」「**作業用義手**」「**電動義手（筋電義手)**」がある。このうち、日常生活での動作性を目的とする能動義手は、肩甲帯に装着したハーネスと呼ばれるベルトが切断者の肩甲帯の動きをとらえて、ハーネスに接続されたコントロールケーブルを介して義手の手先具（フック状のターミナル・デバイスやハンド型の手先具）を開閉させることで「物をつかむ・離す」という動作が可能になる。（テキスト第6章p.411）

③ 不適切。義足装着の可否は**全身状態、断端状況によって決定**される。切断上部の関節拘縮による断端の可動域制限や筋力低下があると義足歩行は困難であり、**健側下肢で片足立ちできる**かどうかが、**義足装着可否の原則的な目安**となる。（テキスト第6章p.411 ～ 412）

④ 不適切。四肢または体幹の機能が障害を受けた場合に用いる**装具**は、固定・保持・補助・変形の予防や矯正を目的として用いられる器具で、一時的な固定や保持ではなく、**長期間にわたり継続して使用する**（障害者総合支援法第5条第25項）器具である。（テキスト第6章p.413）

第13問 【正答】 ④

① 不適切。**和洋折衷式浴槽**の例。ただし、**浴槽縁の高さが300 ～ 350mm**だと、**洗い場と浴槽底面の高低差が大きくなって、またぎ動作が不安定に**なりやすい。（テキスト第５章 p.312 ～ 313）

② 不適切。**和式浴槽**の例。和式浴槽は深さがあり肩までつかれるが、一般的に、**浴槽への出入り動作などの面で高齢者や障害者には向かない。**（テキスト第５章 p.312 ～ 313）

③ 不適切。**洋式浴槽**の例。洋式浴槽は長さがあって足を伸ばして入浴できるが、一般的に、**入浴姿勢の保持などの面で高齢者や障害者には向かない。**（テキスト第５章 p.312 ～ 313）

④ 適切。**和洋折衷式浴槽**の例。浴槽縁の高さも400 ～ 450mmと適切である。（テキスト 第５章 p.312 ～ 313）

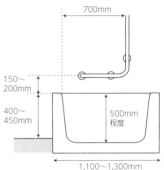

一般的に高齢者や障害者が出入りしやすく、浴槽内で安定した入浴姿勢を保つためには和洋折衷式浴槽が適している。深さ500mm程度の浴槽が使いやすく、洗い場と浴槽底面の高低差を抑えると出入り動作が安定しやすい。

第14問 【正答】 ③

① 不適切。玄関をコンクリートでかさ上げし、玄関と玄関ホールの段差を小さくしたが、階段の１段の段差が**440mm ÷ 3段 ≒ 146.6**で、約147mmあり、条件に適さない。（テキスト第５章 p.284 ～ 286）

② 不適切。玄関ポーチと階段に**手すりが付いていない**ため不適切である。（テキスト第５章 p.284 ～ 286）

③ 適切。階段の**高さは１段分が120mm**で条件を満たし、上がりがまちも踏み台の高さも**それぞれ90mm**なのでよい。（テキスト第５章 p.284 ～ 286）

④ 不適切。踏み台の幅と高さはよいが、奥行きが300mmでは短すぎる。踏み台の奥行きは昇降しやすいよう**400mm以上**とする。（テキスト第５章 p.284 ～ 286）

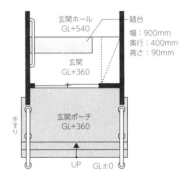

重要用語

重要用語◆五十音順

Ａ～Ｚ

ADHD

注意欠陥多動性障害（Attention Deficit／Hyperactivity Disorder）の略称。

→注意欠陥多動性障害

ADL

日常生活動作（Activities of Daily Living）の略称。

→日常生活動作

AIDS

後天性免疫不全症候群（Acquired Immunodeficiency Syndrome）の略称。

→後天性免疫不全症候群

ALS

筋萎縮性側索硬化症（ALS：Amyotrophic Lateral Sclerosis）の略称。

→筋萎縮性側索硬化症

APD

自動腹膜透析(Automated Peritoneal Dialysis）の略称。

→自動腹膜透析

BPSD

認知症にみられる行動・心理症状のことで、周辺症状と呼ばれる。Behavioral and Psychological Symptoms of Dementiaの略称。

→周辺症状

HIV

ヒト免疫不全ウイルス（HIV:Human Immunodeficiency Virus）の略称。

→ヒト免疫不全ウイルス

HMV

在宅人工呼吸療法（HMV：Home Mechanical Ventilation）の略称。

→在宅人工呼吸療法

HOT

在宅酸素療法（HOT：Home Oxygen Therapy）の略称。

→在宅酸素療法

ICF

国際生活機能分類（ICF：International Classification of Functioning, Disability and Health）の略称。

→国際生活機能分類

ICIDH

国際障害分類（ICIDH：International Classification of Impairments, Disabilities and Handicaps）の略称。

→国際障害分類

IL運動

自立生活運動（IL：Independent Living movement）の略称。

→自立生活運動

Ⅰ型配置

キッチン壁面や食堂に向かって、コンロ、シンク、調理台の調理機器類が一直線上に配置された形式のキッチン。

L型配置

コンロ、シンク、調理台の調理機器類が直角（L型）に配置された形式のキッチン。調理台の左右にコンロとシンクが配置され、移動距離が短く、I型配置より車椅子の移動に適しているが、より広いスペースが必要になる。

LD

学習障害（LD：Learning Disability）の略称。

→学習障害

LIFE

Long-term care Information system For Evidenceの略称で、「科学的介護情報システム」のこと。2017（平成29）年に開始されたVISIT（通所・訪問リハビリテーションデータ収集システム）と、2020（令和2）年に開始されたCHASE（高齢者の状態やケアの内容等データ収集システム）を一体的に運用するシステムとして、2021（令和3）年4月に運用開始。一定の様式に従い、介護サービス利用者の状態や、介護施設・事業所で行っているケアの計画・内容などを入力してインターネットで厚生労働省へ送信すると、その内容分析の結果が厚生労働省から当該施設等にフィードバックされる。

MCI

軽度認知障害（MCI：Mild Cognitive Impairment）の略称。

→軽度認知障害

MSW

医療ソーシャルワーカー（MSW：Medical Social Worker）の略称。

→医療ソーシャルワーカー

OT

作業療法士（OT：Occupational Therapist）の略称。

→作業療法士

PSW

精神保健福祉士（PSW：Psychiatric Social Worker）の略称。

→精神保健福祉士

PT

理学療法士（PT：Physical Therapist）の略称。

→理学療法士

QOL

生活の質（QOL：Quality of Life）の略称。生活者の満足感や安定感、幸福感など、生活を質的に高めようという考え方から生まれた言葉。

SST

ソーシャルスキル・トレーニング（生活技能訓練）（SST：Social Skills Training）の略称。

→ソーシャルスキル・トレーニング

ST

言語聴覚士（ST：Speech-Language-Hearing Therapist）の略称。

→言語聴覚士

SW

ソーシャルワーカー（SM：Social Worker）の略称。

→ソーシャルワーカー

重要用語

V溝レール

引き戸の下部の床面に設置する、断面がV字型のレールのこと。床面に埋め込んで取り付ける。レールが床面から突出しないため、つまずきや転倒の危険性が低い。金属製が一般的。

あ

上がりがまち

玄関などの上がり口の床との境の縁に取り付ける枠材のこと。かまち(がまち)は、漢字で「框」と書く。

明るさ感知式スイッチ

周囲の明るさをセンサーが感知して、暗くなれば点灯(ON)し、明るくなれば消灯(OFF)するスイッチのこと。消し忘れの防止や電気代の節約に役立つ。

アドボカシー

権利の擁護。 意思や権利を他者にうまく伝えることのできない人のために、援助者がその人の権利や生命、利益を擁護して代弁すること。

アルツハイマー型認知症

脳組織内で脳の神経細胞が減り、老人斑(変性蛋白質の沈着)がみられ、脳が萎縮することで症状が現れる認知症。記憶力の低下、見当識障害、実行機能障害、判断力の低下、言葉が円滑に出ないなどの中核症状が現れ、人格の変化やせん妄、妄想などを伴うことがある。

暗順応

明るい所から暗い所へ入ったとき、一瞬は何も見えないが、しばらくして暗がりに目が慣れてくると物が見えてくる反応のこと。

→明順応

い

意匠図

建物全体の形状や間取り、高さ、広さ、仕上げ材などが表示された意匠(デザイン)を伝える図面の総称。配置図、平面図、断面図、立面図、屋根伏図、展開図、天井伏図などがある。

医療ソーシャルワーカー(MSW)

病院、保健所などの保健医療機関に従事するソーシャルワーカー。患者や家族の疾病や心身障害などによって生じる心理的、社会的問題の相談に応じ、関係機関との調整や援助を行う。

胃瘻

経腸栄養法の一つ。胃に孔を開けて管(チューブ)を入れ、直接胃に栄養を注入する方法。

インフォームド・コンセント

説明と同意。医師が病気や容態、治療内容、処方薬などについて、患者に十分説明し、患者が内容を理解・納得したうえに同意して治療を受けること。同意に至るまで患者が自己決定し、納得する過程が重視される。

え

嚥下障害

口から食べ物や水分を摂取し、飲み込む(嚥下する)までの一連の過程で生じ

るさまざまな障害。

鉛直線

　水平面に対して垂直方向（鉛直方向）を示す直線。おもりをつけて垂らした糸が示す方向の直線で、水平面と直角をなす。

お ....

大引

　1階の床組の部材の一つで、根太を支える水平の部材。根太と直交になるように下に配置する。

オストメイト

　病気や事故などにより、手術によって腹部に排泄のための消化器ストーマ（人工肛門）や尿路ストーマ（人工膀胱）を造設した人。

折れ戸

　折りたためるようになった扉のこと。開閉操作はやや難しいが、開き戸よりも体の移動は少ない。主に浴室や収納の扉として使われる。なお、折りたたみの厚さ分だけ、開口部の有効寸法（出入りできる幅）は狭くなる。

オレンジプラン（新オレンジプラン）

　団塊の世代が75歳以上となる2025年に向けて、2012（平成24）年に策定されたのが認知症施策推進5か年計画（オレンジプラン）。

　2015（平成27）年にオレンジプランを改訂して策定された「認知症施策推進総合戦略」が新オレンジプラン。新オレンジプランは、「認知症の人の意思が尊

重され、出来る限り住み慣れた地域のよい環境で自分らしく暮らしを続けることが出来る社会を実現する」ことを目的とし、従来のオレンジプランを改変した7つの柱で構成されている。対象期間は2015 ～ 2025年。

音声障害

　声帯の異常などで、声がかすれたり、出しづらくなったり、出なくなる状態。

か ....

介護認定審査会

　要介護認定の二次判定を行う審査機関。委員は保健、医療、福祉に関する学識経験者から、市町村長が任命する。一次判定はコンピュータによって行われる。

ガイドヘルパー

　障害者の外出を支援するヘルパーのこと。「移動介護従事者」「外出介護員」とも呼ばれる。従事するには研修を受け、資格を取得する必要がある。

学習障害

　「基本的には全般的な知的発達に遅れはないが、聞く、話す、読む、書く、計算する又は推論する能力のうち特定のものの習得と使用に著しい困難を示すさまざまな状態を指す」もので、その原因として「中枢神経系に何らかの機能障害があると推定されるが、視覚障害、聴覚障害、知的障害、情緒障害などの障害や、環境的な要因が直接の原因となるものではない」と定義されている（文部科学省、

1999（平成11）年の「学習障害児に対する指導について」より）。LDは2014年に「限局性学習症（SLD：Specific Learning Disorder）」に名称が変更されている。

患側

半身に麻痺や障害を負っている場合の、障害がある側の身体。片麻痺がある場合は、麻痺がある半身を指す。麻痺や障害がない半身は健側と呼ばれる。

き・く

狭心症

動脈硬化などにより冠動脈の内腔が狭くなり血流が減少、一時的に途絶えたりして、心筋が酸素・栄養不足になり、胸部に一時的な痛みや圧迫感が起こる。心筋は壊死までには至らない状態。

胸髄損傷

交通事故やスポーツなどの外傷や外力が加わり、脊髄のうち胸髄に損傷を受けた状態。損傷された髄節の下の支配領域に障害が起こり、上肢は正常またはそれに近い状態であるが、体幹と両下肢が障害され対麻痺となる。

虚血性心疾患

動脈硬化などの原因で冠動脈が細くなったり、詰まって閉塞したりして、心筋に血液が供給されなくなることで起こる疾患の総称。血管が細くなる狭心症と血管が閉塞する心筋梗塞などを含む。

起立性低血圧

急に立ち上がったり、起き上がったりしたときに血圧が低下し、めまいや立ちくらみ、動悸、吐き気などの症状を起こす。高齢者では廃用症候群の症状として起こることがある。

筋萎縮性側索硬化症

筋肉を動かす神経細胞（運動ニューロン）が変性し、筋肉が萎縮していく病気。手足・のど・舌の筋肉や呼吸に必要な筋肉が徐々にやせて、手指や足の力がなくなる、上手く話せない、むせやすい、物が上手く飲み込めないなどの症状が現れる。

筋ジストロフィー

筋肉の変性や壊死が起こり、筋肉細胞が壊れ、筋萎縮、筋力低下が進行する遺伝性疾患。さまざまな病型があり、日本ではデュシェンヌ型が最も多い。

筋電義手

筋肉から発生する微弱な電位を使って動作制御する電動義手。切断端の筋活動を利用して電動で手先が動く。筋力のない人や高齢者などに用いられる。

空腸瘻

空腸（十二指腸から続く小腸の一部）に孔を開けてチューブを挿入し、そこから直接栄養分を注入する経管栄養法の一つ。

クモ膜下出血

脳血管障害の一つ。脳の血管の分岐点などにできる脳動脈瘤が破裂し、脳を包む膜であるクモ膜と軟膜の間にある空間（クモ膜下腔）に出血する。

グレーチング

排水溝などの上にかぶせる格子状、またはすのこ状の覆いのこと。グレーチング上を車椅子などで通過するとがたつくことがあるので、注意を要する。

け

蹴上げ

階段の一段分の高さのこと。住宅での蹴上げの寸法は、「建築基準法」により230mm以下と定められている。

→踏面

ケアハウス

家庭環境や住宅事情等の理由により、自宅で自立した生活をすることが困難な、原則60歳以上の人が利用できる老人福祉施設で、軽費老人ホームの一種。バリアフリー化され、食事サービスなどが提供される。軽費老人ホームには「A型」「B型」「C型」および「都市型」の形態があり、ケアハウスは「C型」に当たるが、現在は「A型」と「B型」の新設が認められておらず、軽費老人ホームの大半がケアハウスである。

ケアプラン

要介護者に対し、適切なサービスを提供するための介護サービス計画のこと。ケアプランには「居宅サービス計画」と「施設サービス計画」がある。このうち、居宅サービス計画は居宅介護支援事業所のケアマネジャーが作成するのが一般的だが、特別に市町村に届け出たうえで利用者本人が作成することもできる（セルフプラン）。一方、施設サービス計画は施設側のケアマネジャーが作成する。なお。要支援者へのサービスは、「介護予防ケアプラン」に基づいて行われる。

ケアマネジメント

ケアを必要とする人に対して、適切な諸サービスが受けられるように支援する活動。介護保険制度においては、介護支援専門員（ケアマネジャー）が、利用者の相談を受け、利用者の状態を把握し（アセスメント）、ケアプランを作成して、サービスを提供し（ケアプランの実施）、サービスの提供状況を定期的・継続的にチェックする（モニタリング）。介護支援専門員は、ケアマネジメントを通して、利用者の身体機能や日常生活動作（ADL）能力、社会参加状況、家族の介護力などを把握したうえで、住環境整備の必要性を検討し、生活改善のためのさまざまなサービスを組み合わせてケアプランを作成。利用者とサービス提供機関との連絡調整を行う。

軽度認知障害（MCI）

記憶力や注意力などの認知障害がみられるものの、社会生活に支障をきたすほどではなく、認知症の定義に当てはまる段階ではない状態。

言語障害

脳卒中や頭部外傷などにより、大脳の言語中枢（言葉の表出にかかわるブローカ領域、言葉の理解にかかわるウェルニッケ領域）が損傷されることによって、発声発語器官（声帯・口腔・舌・肺など）

と言葉を理解する過程のどこかに障害が生じている状態。失語症、構音障害、音声障害などがある。

言語聴覚士

言語や聴覚などの障害で言葉によるコミュニケーションに困難を抱える人や、摂食・嚥下障害のある人を対象に、その問題の程度、発生のメカニズムを評価し、その結果に基づいて訓練、指導、助言、その他の援助を行う専門職。嚥下訓練や人工内耳の調整等は歯科医や医師の指示の下で行う。勤務先は病院、リハビリセンター、老人保健施設、福祉施設など。国家資格である。

健側

障害がない側の身体。片麻痺の場合は麻痺がない側。障害がある側は患側という。

建築基準法

国民の生命、健康、財産を保護し、公共の福祉の増進に資することを目的として、建築物の敷地、構造、設備および用途に関する最低基準を定めた法律。建ぺい率（建築面積の敷地面積に対する割合）や容積率（延べ面積の敷地面積に対する割合）の上限や、着工前の建築確認、着工後の中間検査、完了検査なども定められている。1950（昭和25）年施行。

見当識

自分が今どこにいるか場所や日時、人物など基本的な状況を把握する能力。思考、記憶、判断などに関わりがある。

構音障害

言語理解は正常だが、発声発語器官のどこかに運動障害が起こり、正しい発音が困難になる状態。発音がはっきりしない、特定の音が出ない、ろれつが回らない、声が出にくいなどの症状が生じる。

後期高齢者

75歳以上の高齢者のこと。

→前期高齢者

高次脳機能障害

脳血管障害、交通事故などで、注意・言語・記憶・思考・認知・推論・学習・行為などの精神活動を担う大脳の機能が部分的に障害された状態。記憶障害、注意障害、遂行機能障害、社会的行動障害などの認知障害が生じる。

後天性免疫不全症候群

ヒト免疫不全ウイルス（HIV）の感染によって発症する免疫機能障害。エイズ（AIDS）とも呼ばれる。免疫機能が低下するため、細菌やウイルスに感染しやすくなり、さまざまな感染症やがんにかかりやすくなる。エイズは、かつては「死の病」といわれたが、現在は薬物療法によってHIVの増殖を抑え、生命維持が可能な病気になっている。

→ヒト免疫不全ウイルス

高齢社会対策基本法

高齢社会対策の基本理念を明らかにし、国や地方公共団体の責務や国民の努力の必要性を示しながら、社会全体とし

て高齢社会対策を総合的に推進するために定められた法律。1995（平成7）年12月に施行された。

（改正）高齢者住まい法（高齢者の居住の安定確保に関する法律）

高齢者が安心して生活できるように居住の安定確保を図り、高齢者福祉の増進に寄与することを目的とした法律。正式名称は「高齢者の居住の安定確保に関する法律」。2001（平成13）年施行。2011（平成23）年4月には「サービス付き高齢者向け住宅事業制度」の創設などを柱とする大幅な改正が行われ（「改正高齢者住まい法」）、同年10月の施行とともに「サービス付き高齢者向け住宅事業登録制度」が開始された。

誤嚥性肺炎

口の中の細菌が唾液や食べ物と一緒に誤嚥され、気管や肺に入って発症する肺炎。高齢者や神経疾患患者、寝たきりの患者に多く発生する。

呼吸器機能障害

換気機能、通気性の維持・気道の浄化機能、肺胞ガス交換機能のいずれかに障害を生じたもの。慢性閉塞性肺疾患（COPD）、肺結核、肺炎、肺がんなどがある。

国際障害者年

国際連合が定めた国際年の一つで、1981（昭和56）年を指す。障害者の「完全参加と平等」がスローガン。1976（昭和51）年の国連総会で決議・採択され、1979（昭和54）年にその行動計画が策定されている。国連はさらに、1983（昭和58）年から1992（平成4）年までを「国連・障害者の十年」とした。

国際障害分類

1980年に世界保健機関（WHO）が提唱した - 障害に関する分類。障害を機能障害、能力障害、社会的不利の3つのレベルに分類し、疾患だけでなく、生活・人生の問題を含めて障害として捉える考え方。

国際生活機能分類

国際障害分類（ICIDH）の改訂版として、2001年に世界保健機関（WHO）で採択された人間の生活機能と障害についての分類。生活機能を「心身機能・身体構造」「活動」「参加」の3つのレベルに分類し、それらと相互に作用する健康状態、背景因子（環境因子と個人因子）から構成されている。

骨粗鬆症

骨量が減少し骨質が脆弱化している状態。骨の変形や骨折が生じやすくなる。高齢者や女性に多い。

混合難聴

伝音難聴と感音難聴の両方の症状がある難聴。加齢性難聴に多く、どちらの症状が強いかは個人差がある。

さ ....

サービス付き高齢者向け住宅（サ高住）

60歳以上の単身・夫婦世帯等を対象に、バリアフリー構造等を有し、安否確認サービスや生活相談サービス等を提供

する民間の賃貸住宅のこと。2011（平成23）年の高齢者住まい法の改正で創設された。各専用部分の床面積は原則25m^{2}以上。それぞれに台所、水洗便所、収納設備、洗面設備、浴室を有し、バリアフリー構造を備える。また、安否確認や生活相談といった見守りサービスのため、ケアの専門家が少なくとも日中、建物に常駐する。サービス付き高齢者向け住宅は登録制で、要件を満たした事業者が都道府県（都道府県から指定を受けた市町村も含む）・政令市・中核市に申請・登録し、インターネット上で登録情報や運営情報が公開されている。

在宅酸素療法

慢性呼吸不全など酸素を体内に取り込めない安定した状態にある患者に対し、在宅や外出時に必要な酸素吸入を行う治療法。液体酸素装置と酸素濃縮装置があり、外出時は液体酸素の子容器や携帯用高圧酸素ボンベを使用する。

在宅人工呼吸療法

呼吸器疾患や筋萎縮性側索硬化症、筋ジストロフィーなどの神経・筋疾患などの呼吸機能を確保する必要がある療養者に対し、人工呼吸器による補助換気を在宅で行う療法。

サイム義足

距腿関節（脛と足首の間の足関節部分）のくるぶし切断に適応する義足。

作業療法士

作業療法を通じてリハビリテーションを指導する専門職。国家資格。「作業」とは、家事や着替え・排泄などの日常的な生活行為（セルフケア）のほか、仕事、地域活動、余暇活動といった日常生活に関わるすべての諸活動を指す。OTは障害や不自由さを抱えた人が自立して生活できるように、作業の練習や福祉用具支援などを通して、対象者の基本的動作能力、応用的動作能力、社会的応用能力の維持・改善を目指す。手芸やガーデニング、レクリエーションなどが取り入れられることもある。

錯語

失語症の症状の一つ。意図した言葉とは別の異なる言葉（発音や単語）が出てきてしまう症状。

三次予防

予防医学の分類の一つ。既に病気を発症し治療過程で、リハビリテーションや保健指導、再発防止をすることで、社会復帰できる機能を回復させ、維持すること。

介護予防では、病気を発症して、なんらかの後遺症が現れたときにリハビリテーションに取り組み、早期社会復帰を目指す（障害残存後の活動制限や参加制約を防止する）。

し・・・・・・・・・・・・・・・・・・・・・・・・・・・・・

視覚障害

眼球から脳に至る視覚情報を認識する経路のどこかに障害が生じ、見ることや、歩行、日常生活を行うことが不自由になっていること。全盲とロービジョンに

分けられ、視力障害、視野障害などの症状が生じる。

軸組構法

柱や梁、筋交い、土台などの骨組みを基礎として、軸組を作り建物を支える構法。木造軸組構法の柱と柱の芯一芯は910mm（3尺）のモジュールが標準となっている。

四肢麻痺・対麻痺・片麻痺

四肢（両上肢と両下肢）に麻痺が現れ、体幹のコントロールが難しい状態のこと。外傷や疾患などで脊髄が傷つくことで起こる。なお、片側の上肢もしくは下肢のいずれかに限局した麻痺は「単麻痺」、両上肢あるいは両下肢に現れる麻痺は「対麻痺」、右半身あるいは左半身といった片側の上肢と下肢に現れる麻痺は「片麻痺」と呼ばれる。

シックハウス症候群

住宅の高気密化や新建材から発生する室内空気汚染化学物質などによる健康影響。目がチカチカする・鼻水・のどの痛み・倦怠感・めまい・頭痛・湿疹・呼吸器疾患などの症状が現れる。

失行

高次脳機能障害の一つ。運動能力や感覚に異常はないが、今まで日常生活で行っていた動作がうまくできなくなる症状。必要な一連の動作ができなかったり、その動作の順序を覚えられなくなったりする。歯ブラシを使って髪をすこうとするなど、普段行っていた動作ができなくなる。

失語症

脳血管障害や脳損傷により、一旦獲得された「聴取」「読字」「書字」「発語」といった言語機能が障害されること。「他人の言うことが理解できない」「何が書いてあるのか理解できない」「字が書けない」「自分の思っているように話せない」などの状態が現れる。

自動腹膜透析

腹膜透析の一つで、自動腹膜灌流装置（サイクラー）を使い、家庭で就寝中に自動的に透析液を交換する方法。

自閉症

発達障害の一つ。脳の機能障害。①社会性と対人関係の障害、②コミュニケーションや言葉の理解の遅れ、③想像力や行動の障害、強いこだわりなどを特徴とする。

社会的行動障害

高次脳機能障害の一つ。脳損傷によって生じる行動障害。感情や行動、言動をその場の状況に合わせてコントロールできなくなり、無気力で自発性が低く、適切な対人関係がつくれない、欲求をコントロールできないなどの特徴がある。

社会的障壁

障害者にとって日常生活や社会生活を送るうえで障壁（バリア）となるような、社会における事物（利用しにくい施設や設備等）、制度、慣行、観念（障害者への偏見）などのこと。「障害者基本法」第2条第2項で定義されている。

住生活基本法

戦後の住宅政策を抜本的に見直した、現在に至る日本の住宅政策の基本法。2006（平成18）年制定。国民の豊かな住生活の実現を図るため、その基本理念、国・地方公共団体・住宅関連事業者の責務、住生活基本計画の策定、その他の基本となる事項を定める。

住宅セーフティネット法（住宅確保要配慮者に対する賃貸住宅の供給の促進に関する法律）

2007（平成19）年に制定された「住宅確保要配慮者に対する賃貸住宅の供給の促進に関する法律」の略称。既存の賃貸住宅や空き家等の有効活用を通じて、住宅確保要配慮者が入居しやすい賃貸住宅の供給促進を図ることを目的とする法律。2017（平成29）年に改正され、都道府県による計画策定、住宅確保要配慮者が入居できる住宅の登録や情報公開、登録住宅の改修や入居への支援、住宅確保要配慮者居住支援法人（居住支援法人）による「家賃債務保証」の実施などが定められた。

住宅品確法（住宅の品質確保の促進等に関する法律）

1999（平成11）年制定の「住宅の品質確保の促進等に関する法律」の略称。2000〈平成12〉年施行。単に「品確法」とも呼ばれる。「新築住宅での瑕疵担保責任の義務化（10年）」「住宅性能表示制度の設定」「住宅専門の紛争処理体制の整備」が3つの柱。

周辺症状

認知症にみられる症状。中核症状を基に、本人の生活環境や人間関係、性格や心理状態、体調などに影響されて、二次的に行動や精神面に現れる症状。主な周辺症状として、妄想、幻覚、抑うつ、せん妄、徘徊、多動・興奮、暴言・暴力、不穏、焦燥、社会的に不適切な言動、性的逸脱行為、などがある。症状の現れ方には個人差があり、周辺症状が見られない場合もある。

受領委任払い

介護保険制度における住宅改修費または福祉用具購入費の支払いの際に、保険給付対象の1割（2割又は3割）分を利用者が事業者に支払い、保険給付対象の9割（8割又は7割）分を利用者からの委任に基づき市が事業者に支払う制度。

障害者基本計画

「障害者基本法」第9条に基づき、政府が取り組むべき障害者施策の基本的方向を定めたもの。1993（平成5）年度から2002（平成14）年度までを対象とする「障害者施策に関する新長期計画」が第1次計画で、「障害者基本計画」の名称になった2003（平成15）年度から2012（平成24）年度までの計画が第2次計画とされる。以下、2013（平成25）年度から2017（平成29）年度までを対象とする第3次計画、2018（平成30）年度から2022（令和4）年度までを対象とする第4次計画、2023（令和5）年度から2027（令和9）年度までを対

象とする第5次計画が策定されている。

障害者基本法

　障害者の自立・社会参加への支援等の施策推進を目的に、その基本原則を定め、国、地方公共団体等の責務を明らかにした法律。1970（昭和45）年制定の「心身障害者対策基本法」の改正（1993〈平成5〉年）を機に、名称も改題した。2004（平成16）年と2011（平成23）年に改正が行われている。

障害者権利条約

　障害者の人権及び基本的自由の享有を確保し、障害者の固有の尊厳の尊重を促進することを目的として、2006（平成18）年に国際連合（国連）で採択された条約、障害者権利条約を踏まえて障害者基本法が2011（平成23）年に改正された。

障害者差別解消法

　障害を理由とする差別の解消の推進に関する法律。全ての国民が、障害の有無によって分け隔てられることなく、相互に人格と個性を尊重し合いながら共生する社会の実現に向け、障害を理由とする差別の解消を推進することを目的として、2013（平成25）年に制定された。2011（平成23）年に改正された障害者基本法の定義が取り入れられ、2021（令和3）年に改正。

障害者総合支援法

　障害者の日常生活及び社会生活を総合的に支援するための法律。障害者及び障害児が基本的人権を享有する個人として

の尊厳にふさわしい日常生活または社会生活を営むことを目的に、2013（平成25）年に、障害者自立支援法を改正し施行された。2016（平成28）年に改正後（改正内容：新サービスや制度の設立、体制の整備など）、2022（令和4）年に改正された。改正内容は、障害や難病を抱えていても安心して暮らせる、地域共生社会の構築など。

消化器ストーマ

　直腸機能障害で、手術により直腸の切除が行われて便の排泄が困難な場合に造設されるストーマ（人工肛門）。肛門はそのまま残され、人工的に腹壁につくられた孔から排泄物を受ける採便袋（パウチ）を装着する。

償還払い

　利用者が費用の全額をサービス提供事業者にいったん支払い、その後、申請を行い保険者である市区町村から、その費用の9割（8割又は7割）分の現金の償還（払い戻し）を受けること。介護保険の住宅改修の支払いの際には、いったん全額を施工事業者に支払った後、費用（上限20万円）の9割（8割又は7割）分を、市町村に申請して支給を受ける。

収尿器

　ベッドサイドまたは車椅子上で尿を収集・貯留する用具。受尿器、チューブ、蓄尿部（受尿容器）で構成されている。受尿器・蓄尿部別体タイプ、センサーで尿を感知して自動的に尿を吸引する自動排泄処理装置もある。

自立生活運動

1960年代にアメリカから始まり、1970年代に世界的に広がった。障害者が自立的な生活を送るために必要な社会体制や意識の変革を求める社会運動。

シルバーハウジング

60歳以上の単身・夫婦世帯などを対象に、バリアフリー化された住宅と生活援助員（LSA）による日常生活支援サービスの提供をあわせて行う公的賃貸住宅のこと。地方公共団体、都市再生機構（UR都市機構）および住宅供給公社が供給する。

新型コロナウイルス感染症

2019（令和1）年に、人に感染する新型コロナウイルスによる感染症で、日本では指定感染症に指定された。7種類の病原性コロナウイルスの中に新型コロナウイルスがあり、新型コロナウイルス感染症（COVID-19）は、2020（令和2）年に世界的に感染拡大し、社会活動に大きな影響を与えた。

人感スイッチ

人などが動いたときの温度変化をセンサーが感知することで、自動的に照明のONとOFFを切り替えるスイッチのこと。「人感センサー付きスイッチ」とも呼ばれる。

心筋梗塞

心臓に酸素と栄養分を運ぶ冠動脈が詰まって血液が流れなくなり、心臓を動かす筋肉である心筋に壊死が起こる疾患。冠動脈が急に詰まるため、突然激しい胸の痛みなどに襲われる。「虚血性心疾患」の一つ。

心臓機能障害

全身に必要な血液を送り出すポンプの役割をはたす心臓の機能が、虚血性心疾患、弁膜症、心筋症などの疾患により低下した状態。動悸や息切れ、チアノーゼ、むくみといった症状が出る。

腎臓機能障害

血液をろ過して、余分な水分や老廃物を尿として生成する腎臓の機能が低下し、生体の恒常性を維持できなくなった状態。急速に生じた急性腎不全、数か月ないし数年をかけて持続的に悪化した慢性腎不全がある。主な症状はむくみ、だるさ、吐き気、血圧上昇、食欲不振など。重症化して末期腎不全になると血液透析が必要になる。

身体失認

高次脳機能障害の症状の一つ。自分の身体が認識できない状態。麻痺があっても自覚できない、自分の体が自分のものでないように感じる、身体部位の場所がわからなくなるなどの症状が現れる。

す・せ

遂行機能障害

高次脳機能障害の症状の一つ。目標を設定し、計画を立て、効率よく実行し、結果を評価して次の行動に生かすことが困難になる障害。家事など物事の段取りが悪い、想定外の事態に柔軟に対応できない、先の予定を見込んだ行動がとれな

いなどの症状が起こる。

精神保健福祉士

精神保健福祉士法で定められた国家資格。精神障害者の社会参加や社会復帰に関する相談、助言・指導、日常生活に適応するために必要な訓練などの援助を行う。精神科医療機関、精神障害者社会復帰施設、小規模作業所、グループホームなどで働いている。

セーフティネット住宅

2017（平成29）年に改正された住宅セーフティネット法（新たな住宅セーフティネット制度）に基づき登録制度が始まった、住宅確保要配慮者（高齢者、障害者、子育て世帯など）向けの賃貸住宅。

脊髄小脳変性症

小脳から脊髄にかけて神経細胞が変性、萎縮、減少するため起こる運動失調を主症状とする疾患の総称。進行性疾患で、歩行のふらつき、ろれつが回らない、上肢の運動失調、自律神経症状、腱反射亢進によるこわばりなどが生じる。介護保険の特定疾病の一つ。

脊髄損傷

脊椎（背骨）の中にある脊柱管を通る中枢神経の脊髄が損傷を受け、さまざまな障害が出る病態のこと。強い外力などで脊椎が折れたり大きくずれたりすると、脊髄も損傷される。脊椎は7個の頸椎、12個の胸椎、5個の腰椎、5個の骨が癒合した仙椎、3〜6個の骨が癒合した尾椎からなる。一方、脊髄は、左右に枝分かれする細い神経（神経根）の部位に対応して、上から8対の神経を分岐する頸髄、12対の神経を分岐する胸髄、5対の神経を分岐する腰髄、5対の神経を分岐する仙髄、1対の神経を分岐する尾髄に分けられる。英語の頭文字をとって、頸椎と頸髄はC、胸椎と胸髄はT、腰椎と腰髄はL、仙骨と仙髄はS、尾骨と尾髄はCoで表される。脊髄が損傷されると、損傷部位より下に脳の指令が伝わらなくなり、感覚麻痺や筋力低下などの障害が損傷を受けた部位以下に現れる。例えばT_7の脊髄（胸髄）損傷という場合は、第8胸髄以下に障害が現れることになる。（解答・解説p.173図7参照）

赤筋（遅筋線維）

ゆっくり収縮する筋肉で、ミオグロビンを多く含み、赤っぽく見えるので「赤筋」と呼ばれる。持久力を発揮し、ウォーキングや水泳などの有酸素運動で鍛えられる。

→白筋

摂食・嚥下障害

食べ物や水分を口から摂食し、飲み込み嚥下するまでの過程で生じるさまざまな障害。食事や水分などがうまく食べられない、飲み込めないような状態。老年症候群にみられる症状の一つ。

前期高齢者

65歳から74歳までの高齢者のこと。

→後期高齢者

蠕動運動

胃で消化した食物を、胃周辺の筋肉が波のように収縮・弛緩（伸びたり縮んだ

り）をくり返して、十二指腸へ送る運動。蠕動運動は、胃だけでなく、食道から、小腸、大腸、直腸までみられる。蠕動運動の低下は高齢者に多い便秘の主原因の一つ。

そ

ソーシャルスキル・トレーニング

認知行動療法の一つで、生活技能訓練のこと。対人関係などの意思疎通を図ることができる能力、金銭や服薬などの自己管理の技能など、社会生活の自立のために必要な技能を学習する訓練である。

ソーシャルワーカー

社会福祉、医療、行政、教育などの分野で、問題を抱えている人への相談援助や情報提供を行う生活相談員の総称。関係機関との連携や調整にも携わる。病院などにおいて、医師や地方自治体等と協力しながら患者や家族の抱える問題の解決を図り、退院援助、受診・受療援助を行う「医療ソーシャルワーカー（MSW）」や、自治体や地域などのコミュニティを対象に社会福祉活動を行う「コミュニティソーシャルワーカー（CSW）」など、さまざまな職種がある。「社会福祉士」や「精神保健福祉士」などの資格を取得したうえでソーシャルワーカーに就業する人が多い。

措置制度

行政機関（市町村）が、住民の福祉サービスの申請に対し、その必要性を判断し、サービス内容や提供機関を決定・提供する仕組み。老人福祉制度は措置制度を基本としていたが、介護保険制度が施行されると、介護サービスは措置制度から契約制度に移行した。

た

ダーメンコルセット

軟性体幹装具のこと。腰痛軽減を目的とする。

→体幹装具

体位変換器

体位の変換、保持。移動を容易に行うための用具で、スライディングマット、スライディングボード、体位変換用クッション、起き上がり補助装置などがある。スライディングマット、スライディングボードはベッド上で使用されることが多く、介護保険制度では特殊寝台付属品として貸与される。

体幹装具

首から腰にかけての部位に装着する装具で、体幹・頸部の支持固定、運動制限、変形の矯正などを目的とする。多く使用されるのが腰痛を軽減する軟性体幹装具（ダーメンコルセット）である。

対流暖房

暖めた空気で直接室内を暖房する方式のこと。エア・コンディショナー（エアコン）やファンヒーターなどが、この方式による代表的な暖房器具。エアコンは、熱を運ぶ冷媒（具体的には代替フロンガス）を収縮させて熱をつくり出す。一方、ファンヒーターは、ガスや石油の燃焼で

生じた熱を送風ファンで送り出す。短時間で部屋全体を暖められるが、対流で室内の湿度が急激に下がり、ほこりも舞うため、加湿や換気には注意が必要となる。

段鼻
だんばな

階段の踏み板の先端部分のこと。

ち..

地域包括支援センター

高齢者やその家族への総合的な相談・サービス支援を行う各地域での拠点。市町村が設置する、保健師・社会福祉士・主任介護支援専門員等を配置し、保健・福祉・介護の3職種のチームアプローチにより、住民の健康の保持や生活の安定のために必要な援助を行い、保健医療の向上や福祉の増進を包括的に支援する。「介護予防ケアマネジメント」「総合相談支援」「権利擁護」「包括的・継続的ケアマネジメント支援」が主な業務。2005（平成17）年の介護保険法の改正で創設（2006〈平成18〉年施行）された。

知的障害

日本では知的障害とは「知的機能の障害が発達期（概ね18歳までにあらわれ、日常生活に支障が生じているため、何らかの特別な援助を必要とする者（厚生労働省、2000（平成12）年「知的障害児（者）基礎調査結果より抜粋）」としている。知的障害には①知的機能が明らかに平均より低い（IQ70以下）、②適応技能に問題がある、③18歳以前に発症している、という特徴がある。軽度、中度、重度、

最重度の4段階に分けられている。

注意欠陥多動性障害

年齢あるいは発達に不釣り合いな注意力、及び／又は衝動性、多動性を特徴とする行動の障害で、社会的な活動や学業の機能に支障をきたすものである。また、7歳以前に現れ、その状態が継続し、中枢神経系に何らかの要因による機能不全があると推定される（文部科学省、2003（平成15）年3月の「今後の特別支援教育の在り方について（最終報告）」参考資料より抜粋）。

中心静脈栄養法

主に鎖骨下にある中心静脈にカテーテルを挿入し、体に必要なエネルギー及び栄養成分を含む高カロリー輸液を血液中に投与する方法。

長下肢装具

下肢を固定し、立位の保持や歩行の補助、下肢の変形の予防や治療などを目的に装着される装身具。膝までを固定して、大腿部まで装着する。重度の下肢機能障害で使用される。

と..

透析療法

血液透析のこと。体外の透析器に対象者の血液を通過させて老廃物のなどを除去したあと、体内に戻す体外循環治療である。通常、週3回医療機関に通い、透析を受ける。腹膜透析など自宅で血液透析を行う方法もある。

→腹膜透析

糖尿病

　食事をして血液中のブドウ糖の濃度（血糖値）が上昇すると、膵臓から分泌されるインスリンの作用で、細胞へのブドウ糖の吸収を促進し、血糖値の上昇を抑える。このインスリンの分泌量が減少したり、その働きは不十分になったりすると、血糖値は高いままとなる。この状態が慢性化したのが糖尿病である。1型と2型があり、1型糖尿病は、膵臓のインスリン分泌細胞が破壊されてインスリン分泌量が絶対的に不足するタイプ。2型糖尿病はインスリンの分泌量が少ない、また分泌されたインスリンの作用が不十分なタイプで、日本人の全糖尿病のうち95％を占める。生活習慣病の一つ。3大合併症として、神経、網膜、腎臓に障害をもたらす。

糖尿病網膜症

　糖尿病の3大合併症の一つ。高血糖が続くことにより、網膜の毛細血管の壁が変性し、閉塞したり破れたりして視力の低下が起こる。物がかすんで見えたり、視野にごみのようなものがちらついたりする。

特定疾病

　加齢に伴って生ずる心身の変化に起因し、要介護状態の原因となる心身の障害を生じさせる疾病のこと。末期がん、関節リウマチ、筋萎縮性側索硬化症（ALS）などの16疾患がこれに該当する（介護保険法施行令第2条）。介護保険の第2号被保険者（40～64歳）は、特定疾病が原因で要介護・要支援認定を受けたときに、介護サービスが受けられる。

特定目的公営住宅

　「公営住宅法」に基づく、高齢者世帯向け住宅や高齢者同居向け住宅のこと。地方公共団体の判断により、住宅に困窮している高齢者世帯が優先的に入居できるような措置がとられている。

特別養護老人ホーム

　常時介護を必要とし、在宅での生活が困難な高齢者が入所できる施設で、「特養」とも呼ばれる。1963（昭和38）年施行の「老人福祉法」第5条の3で規定された老人福祉施設の一つ。入所者に対し、入浴・排泄・食事などの介護、日常生活の世話、機能訓練、健康管理など、生活全般にわたる支援サービスを提供する。2015（平成27）年4月から、新規に入所できるのは要介護度3以上が原則となった。

な

内因性精神障害

　精神障害の分類の一つ。原因は不明だが遺伝素因が関与して脳の機能が障害されていると考えられる。統合失調症や躁うつ病など。

難聴

　音波が耳から入り、蝸牛で電気信号に変換され、聴神経を通って大脳に伝えられる経路のどこかに機能低下が生じて起こる聴覚障害を難聴という。伝音難聴と感音難聴に大別される。（解答・解説

（p.202図9参照）

に..

二次的障害

疾患や障害にみられる症状によって二次的に引き起こされる障害のこと。

二次予防

定期的な健康診断等により、疾患や障害を早期発見し、早期に治療をすることで重度化を予防する。

日常生活動作

自立して生活するための基本的な身体的動作のことで、食事、排泄、着替え、入浴、簡易な移動など、毎日繰り返される一連の動作群をいう。ADLは高齢者や障害者の生活自立度を測るための指標ともなる。

日内変動

人間を含む生物の生理機能が1日24時間を1周期として繰り返している変動のこと。疾患などによる心身の症状が1日のうちで変化することも指す。

尿路ストーマ

人工膀胱のこと。手術療法により膀胱の全摘が行われて排泄が困難な場合に造設される。ストーマには排泄をコントロールする機能がないため、排泄物を常時受ける採尿袋（パウチ）が必要となる。

認知症

脳の病気や障害などさまざまな原因により、記憶や判断力などの認知機能が低下し、日常生活全般に支障が出てくる状態のこと。脳の神経細胞が変性し、脳の一部が萎縮していく過程で起こる「アルツハイマー型認知症」や、脳梗塞や脳出血などで起こる「脳血管性認知症」など、さまざまな種類がある。認知症の症状は、記憶障害や見当識障害、理解力・判断力の低下といった「中核症状」と、不安、抑うつ、幻聴などの「行動・心理症状（BPSD）」に大別できる。一般的に、アルツハイマー型認知症の症状は「もの忘れ」から発症することが多い。一方、脳血管性認知症は障害された脳の部位により症状が異なるため、一部の認知機能は保たれている「まだら認知症」であるのが特徴である。高齢化の進展とともに認知症患者も増加しており、2012（平成24）年度の時点で65歳以上の7人に1人程度が認知症とされ、2025（令和7）年には65歳以上の5人に1人が認知症と推計される。認知症は高齢者に多い病気だが、65歳未満でも発症することがある（若年性認知症）。なお、認知症の前段階と考えられている「軽度認知障害（MCI）」は、そのすべての患者が認知症に移行するわけではないが、約半数は5年以内に認知症に移行するとされる。このため、MCIの段階から運動などの予防的活動に取り組むことが重要である。

認知症高齢者グループホーム

老人福祉法に規定される高齢者施設。認知症高齢者が5〜9人で一つのユニット（生活単位）を構成し、小規模で家庭的な暮らしの場で、職員から入浴・排泄・食事の介助と機能訓練を受けながら生活

重要用語

233

する。「日常生活の場の創出」、「日常生活の継続」に重点を置きながら、認知症の症状の緩和、生活の質（QOL）の向上を図ることをめざす。

根太（ねだ）

床板の下にあり、床を支える部材のこと。

熱交換型換気扇

熱が温度の高いところから低いところへ移動する性質を利用し、排出する空気と取り入れる空気の熱を移し変えながら、空気を入れ替える換気扇のこと。室内外の空気が入れ替わる際に熱交換器を通じて熱を交換する。外気を室温に近づけて取り入れるため、室温を大きく変えることなく換気ができる。

熱中症

高温多湿な環境に長時間いることで、体温調節機能がうまく働かなくなり、体内に熱がこもった状態のこと。めまい、顔のほてり、筋肉痛、けいれん、吐き気などの症状が現れる。屋外に限らず、室内で何もしていないときでも発症し、緊急搬送されたり、場合によっては死亡することもある。高齢者が就寝中に発症するケースも多い。

脳血管障害

脳血管に異常を認める疾患の総称。「脳卒中」ともいう。脳の血管が詰まる「脳梗塞」、脳の血管が破れる「脳出血」、脳動脈瘤の破裂などにより脳を包むクモ膜と軟膜の間の空間（クモ膜下腔）に出血する「クモ膜下出血」などがある。かつては日本人の死因の第1位で、現在もがんや心疾患と同様に死因の上位にある。脳血管障害が原因で要介護状態になることも多い。

脳性麻痺

胎生期から新生児期の脳障害が原因で、運動機能に異常が生じる疾患。基本的な症状は運動障害であるが、知的障害や視覚・聴覚・構音障害などを合併することが多い。運動障害には、筋肉が硬く突っ張って手足が動かない痙直型、からだを動かそうとすると自分の意思とは無関係に手足や首が動いてしまう不随意運動型（アテトーゼ型脳性麻痺）、ふらふらした状態になる失調型がある。

ノンバーバルコミュニケーション

非言語（ノンバーバル）によるコミュニケーションのこと。感情の伝達における重要な手段となる。眼球の動き、まばたき、涙、視線の方向、凝視などの「表情」は多くのメッセージを伝える。その他、しぐさやジェスチャー、服装といった身体の外見的特徴、スキンシップによる接触行動も感情を伝える重要な要素となる。

パーキンソン病

脳内のドーパミン神経細胞から分泌さ

れるドーパミン（ドパミン）という神経伝達物質の不足によって、体の動きに障害が現れる神経難病の一つ。手足が震え、筋肉がこわばる。代表的な症状は、①振戦（震え）、②筋固縮、③無動・寡動、④姿勢反射障害・歩行障害で、「四徴」と呼ばれる。

廃用症候群

病気や障害などをきっかけに、身体が不活動状態になったことで生ずる二次的障害のことで、不動、低運動、臥床に起因する全身の諸症状を総称するもの。「生活不活発病」と呼ぶこともある。皮膚や筋肉の萎縮、関節の拘縮、心肺や消化器の機能低下などの症状が現れ、日常生活の自立度を低下させる。

柱芯一芯

2本の柱の中心から中心までの長さのこと。柱、梁、筋かいなどを組み合わせて建物の骨組みを構成する、伝統的な軸組構法による木造住宅では尺貫法が用いられ、廊下・階段・トイレなどの幅員は、多くの場合、柱芯一芯3尺（910mm）で造られている。

→モジュール

パターナリズム

専門職が援助者として人にかかわるとき、援助者と被援助者は「援助する側」と「援助される側」という関係になり、「人を援助すること」の内容に深刻な影響を及ぼす場合がある。これはパターナリズム（父親的温情主義）と呼ばれ、パターナリズムの関係性に強く拘束されること

で「援助される側」が「援助する側」に依存してしまいがちになる。

白筋（速筋線維）

速く収縮する筋肉で、白く見える筋線維が多いことから「白筋」と呼ばれる。ダッシュやジャンプといった瞬発力やパワーを発揮し、ダンベルの持ち上げなどの無酸素運動で鍛えられる。

→赤筋

バリアフリー

高齢者や障害者等が生活していくうえで障壁となるものを除去すること。物理的、社会的、制度的、心理的、情報面などさまざまな障壁がバリアフリーの対象となる。国際的には、「バリアフリー（barrier-free）」よりも、近づきやすさを意味する「アクセシビリティ（accessibility）」やその形容詞である「アクセシブル（accessible）」のほうが広く使われている。

バリアフリー法

正式名称は「高齢者、障害者等の移動等の円滑化の促進に関する法律」。2006（平成18）年に制定された。旅客施設・車両等、道路、路外駐車場、都市公園、建築物に対して、バリアフリー化基準（移動等円滑化基準）への適合を求めるとともに、駅を中心とした地区や、高齢者や障害者などが利用する施設が集中する重点整備地区において、住民参加による重点的かつ一体的なバリアフリー化推進のための枠組み等を定めている。

ひ

ヒートショック

急激な温度の変化によって、身体がダメージを受けること。暖かい部屋から寒いトイレや浴室に移動すると、身体が温度変化にさらされて血圧が急変し、失神や不整脈、脳卒中や心筋梗塞を起こして、入浴中の溺死や急死につながることもある。脱衣して熱い湯船に浸かるときも同様で、冬場や入浴時には特に注意が必要である。

引き分け戸

2枚の戸を左右両方に引き分けて開閉するタイプの引き戸のこと。「両開き戸」とも呼ばれる。開口が大きく取れる。

ヒト免疫不全ウイルス

ヒト免疫不全ウイルス（HIV）は、性行為、輸血や血液製剤、母子感染、医療事故などで感染する。HIVの感染後、潜伏期を過ぎると免疫不全状態が生じ、カリニ肺炎や口腔カンジダ症といったさまざまな日和見感染症や悪性腫瘍などの合併症を伴い、後天性免疫不全症候群（AIDS）が発症する。

ふ

輻射暖房

暖められた物から放たれる輻射熱（放射熱）を利用した暖房方式のこと。高温水や蒸気を通したり、電熱線を配置することで床面や内壁面、天井面などを暖め、その輻射熱で室内も暖める。

福祉用具

心身の機能が低下し、日常生活を営むのに支障がある高齢者や障害者の日常生活上の便宜を図るための用具のこと。機能訓練のための用具や、義肢や車椅子などの補装具も含まれる（福祉用具法〈福祉用具の研究開発及び普及の促進に関する法律〉第2条）。

腹膜透析

腹部の臓器を包んでいる腹膜を透析膜として利用し、血液を浄化する方法である。軟らかなカテーテルを腹腔内に留置し、透析液を腹腔内に入れておくと、血液中の老廃物や余分な水分などが透析液の中ににじみ出てくるので、一定時間後に入れ替える。自宅で自分でも透析ができる。連続携行式腹膜透析（CAPD）と就寝中に自動的に透析ができる自動腹膜透析（APD）がある。

プッシュアップ

座った姿勢で床や手すりなどに両手を置き、腕の力で座面から臀部を押し上げ、上体を持ち上げること。上肢の筋力が残存する脊髄損傷者の移動・移乗や、車椅子などに座っているときの臀部の褥瘡予防（除圧）等で用いられる動作。

踏面（ふみづら）

階段で足を乗せる踏み板の奥行のこと。踏み板と踏み板の間に入れる垂直の板は「蹴込み板」と呼ばれる。住宅での踏面の寸法は、「建築基準法」で150mm以上と定められている。

→段鼻（だんばな）

へ・ほ

片麻痺

脳血管障害などにより起こる左右どちらかの半身の麻痺。脳の病変とは反対側に起こる。

防湿土間コンクリート

地面からの湿気で建物の床組みなどが腐敗しないように、床下の土間部分に敷設するコンクリートのこと。湿気を防ぐフィルム（防湿シート）を敷いた後に、コンクリートを流し込む。

ホルムアルデヒド

シックハウス症候群の原因となる代表的な揮発性有機化合物。合板、接着剤、防腐剤などに含まれる。

→シックハウス症候群

ま・み

間柱

柱と柱の間にある小柱のこと。建築の軸組で柱と柱の間が大きく、壁の仕上げ材や下地の構造材が渡せないときに、柱の中間に補足して立てる部材で、壁を支えるための柱。

慢性閉塞性肺疾患（COPD）

呼吸器機能障害の一つで、喫煙などにより、気管支や肺の中の細い気管支の先端にある肺胞に炎症が起こり、慢性的に息切れを起こす疾患。

ミニスロープ

歩行時のつまずきなどを防止するため、小さな段差を解消するときに使われ

るくさび状の板のこと。介護保険制度における住宅改修費の支給対象項目の一つ。なお、スロープ（slope）は、傾斜や勾配を意味し、建築分野では傾斜した道路や通路のことを指す。

め・も

明順応

暗い所から明るい所に出ると、まぶしくて周りが見えないが、徐々に慣れて見えるようになる。逆は暗順応。順応は網膜にある錐体と杆体の2種類の視細胞が調整している。

→暗順応

モジュール（module）

建築設計の基準となる寸法のこと。規格された組み立てユニットの意味で使われることもある。日本の伝統的な軸組構法による木造住宅では、柱間の芯―芯距離（柱芯―芯）を3尺（910mm）とするのが標準であり、これを「3尺モジュール」あるいは「標準モジュール」という表現で表すことがある。モジュールに則った住宅建築には、設計の効率化や工事期間の短縮などのメリットがある。なお、主な構造部材をあらかじめ工場で生産し、これを加工せずに現場で組み立てるプレハブ工法では、住宅メーカーによって基準となるモジュールが異なることがある。

有料老人ホーム

「老人福祉法」第29条第1項の定義に基づき、高齢者の福祉を図るため、その心身の健康保持および生活の安定のために必要な措置として設けられている施設のこと。「介護付」「住宅型」「健康型」の3つのタイプがあり、入居者には「入浴・排泄・食事の介護」「食事の提供」「洗濯・掃除等の家事」「健康管理」のうち、少なくとも一つのサービスが提供される。設置にあたっては、都道府県知事等への届け出が必要となる。

ユニットケア

認知症対応型ケアの普遍化を目指したもので、施設の居室等を日常生活に近い少人数のグループに分け、それぞれを一つの生活単位であるユニットとして行うケア。

ユニバーサル社会実現推進法

正式名称は「ユニバーサル社会の実現に向けた諸施策の総合的かつ一体的な推進に関する法律」。第1条で、「すべての国民が、障害の有無、年齢等にかかわらず、等しく基本的人権を享有するかけがえのない個人として尊重されるものであるとの理念にのっとり、障害者、高齢者等の自立した日常生活や社会生活が確保されることの重要性に鑑み、ユニバーサル社会の実現に向けた諸施策を総合的かつ一体的に推進する」ことを目的と定めた法律である。2018（平成30）年に制定された。

要介護・要支援認定

介護保険制度における介護サービスを利用するにあたって、日常生活で必要となる介護の度合いを調査に基づき客観的に判断し、それを数値化して示すもの。程度の軽いものから順に、要支援1～2、要介護1～5の区分がある。要支援を含む要介護度の認定は、介護サービスの利用を希望する本人や家族等が、住まいのある市町村の窓口に申請書類を提出することから始まる。次に、市町村の担当者が訪問して本人や家族に聞き取り調査が行われ、その際に担当者が記入し作成した「調査票」を、全国共通の基準でコンピューターが判定する「一次判定」が行われる。さらに、一次判定の結果と主治医の意見書をもとに、保健・医療・福祉の学識経験者で構成される介護認定審査会による「二次判定」が下され、この二次判定の結果をもとに市町村が要介護度の認定を行い、本人に通知される。

腰髄損傷

両上肢、体幹部は正常であるため、ADL能力は高い。移動手段が車椅子であっても、手すりにつかまって立ち上がったり、ベッドから車椅子に乗ることができる場合が多い。

ら・り

ライフステージ

人生における各段階のこと。年齢によって「幼年期」「児童期」「青年期」「壮年期」「老年期」などに区分される。このほか、家庭の状況に応じて「新婚期」「育児期」「教育期」「子独立期」「老夫婦期」などに区分されることもある。

理学療法士

身体に障害のある人や障害の発生が予測される人に対し、座る・立つ・歩くなどの基本動作能力の回復・維持や、障害の悪化予防を目的に、運動療法や温熱、電気などの物理的手段を治療に利用する物理療法等を用いて、自立した日常生活が送れるよう支援する医学的リハビリテーションの専門職。各々の対象者について、医学的・社会的視点から身体能力や生活環境等を十分に評価し、それぞれの目標に適したプログラムを作成して、リハビリテーションを行う。国家資格。

リバースモーゲージ

死亡時一括型償還融資のこと。持ち家を担保に、そこに住み続けながら自治体や金融機関から生活資金等を借り入れ、死亡したときに担保不動産を売却して借入金を一括返済する仕組みのこと。自宅に住み続けながら生活資金を借り、利息分は月々払うものの、元本の返済は死亡後になるため、老後資金にゆとりを持たせることができる。さらにリバースモーゲージを用いたリフォーム融資制度とし

て住宅金融支援機構が行っている「まちづくり融資（高齢者向け返済特例）」のように、リバースモーゲージで借り入れた資金を住宅改修費用などの前払い金として活用することも可能である。

緑内障

視神経が傷害され、視野が狭くなる疾患で、眼圧の上昇が原因の一つといわれる。症状が進むと障害範囲が広がり、ついには視野がほとんど欠けて失明することもある。

ろ

老年症候群

高齢者の生理機能低下から生じる特有の身体的および精神的な症状・疾患・障害のこと。低栄養や摂食・嚥下障害、誤嚥性肺炎、認知機能低下、歩行障害、排尿障害など高齢者特有の症状がみられる。

わ

和洋折衷式浴槽

和式浴槽と洋式浴槽の要素を一つにまとめた浴槽のこと。出入りや姿勢保持が容易で、高齢者や障害者の入浴に適した浴槽とされる（外形寸法で長さ1,100 ～ 1,300mm、横幅700 ～ 800mm、深さ500mm程度が目安）。

重要用語

239

監修者紹介

谷川 博康（たにがわ・ひろやす）

修成建設専門学校教員。福祉住環境コーディネーター検定試験®1級合格。
同資格だけでなく30以上の資格検定を保持している。長年様々な資格検定
の対策講座に携わり、学校内外の受講生から「丁寧で分かり易い」との定
評を得ている人気教員。公認心理師などカウンセリングに関する資格も多数
持っており、修成建設専門学校 学生相談室の室長も兼任している。

制作協力

株式会社桂樹社グループ（小島強一）

林 悦子

蒔田和典

※「福祉住環境コーディネーター検定試験®」は東京商工会議所の登録商標です。

福祉住環境コーディネーター検定試験®
2級模擬問題集

2024年3月30日　　初版第1刷発行

監　修 ── 谷川 博康
　　　　　　©2024 Hiroyasu Tanigawa

発行者 ── 張 士洛

発行書 ── 日本能率協会マネジメントセンター
〒103-6009 東京都中央区日本橋2-7-1東京日本橋タワー
TEL 03（6362）4339（編集）／ 03（6362）4558（販売）
FAX 03（3272）8127（編集・販売）
https://www.jmam.co.jp/

装丁 ──────── 後藤 紀彦（sevengram）
カバーイラスト── にしやひさ／PIXTA
本文DTP ── 株式会社明昌堂
印刷 ──────── 広研印刷株式会社
製本 ──────── ナショナル製本協同組合

本書の内容に関するお問い合わせは、2ページにてご案内しております。

ISBN978-4-8005-9201-9　C0047
落丁・乱丁はおとりかえします。
PRINTED IN JAPAN